中国民情报告

REPORT ON
CHINA' S PEOPLE CONDITIONS
2013—2014

连玉明　武建忠◎主编

当代中国出版社
Contemporary China Publishing House

图书在版编目(CIP)数据

中国民情报告（2013—2014）/连玉明，武建忠主编. —北京：当代中国出版社，2014. 7

ISBN 978-7-5154-0433-2

Ⅰ. ①中… Ⅱ. ①连… ②武… Ⅲ. ①社会生活—概况—中国 Ⅳ. ①D669

中国版本图书馆 CIP 数据核字(2014)第 045202 号

出 版 人	周五一
策划编辑	李一梅
责任编辑	李一梅　张　燕
责任校对	康　莹
装帧设计	胡　凯
出版发行	当代中国出版社
地　　址	北京市地安门西大街旌勇里 8 号
网　　址	http://www.ddzg.net　邮箱：ddzgcbs@sina.com
邮政编码	100009
编 辑 部	(010)66572264　66572132　66572154　66572434
市 场 部	(010)66572281 或 66572155/56/57/58/59 转
印　　刷	北京宝昌彩色印刷有限公司
开　　本	720×1020 毫米　1/16
印　　张	16 印张　图表 77　200 千字
版　　次	2014 年 7 月第 1 版
印　　次	2014 年 7 月第 1 次印刷
定　　价	56.00 元

研究机构

首都科学决策研究会（Capital Association for Scientific Decision-Making）是由首都科研机构及专家学者联合发起设立的从事科学决策的非营利社会团体。研究会本着“服务决策、服务发展、服务民生”的宗旨，建立决策信息和智力支持系统，以推动决策科学化和民主化进程。其核心战略重点是聚集相关专业研究者，发挥新政策、新科技、新舆论的首创精神和积极作用，通过广泛传播研究成果为领导者提出可供选择的科学决策方案。

北京国际城市发展研究院（IUD-International Institute for Urban Development，Beijing）成立于2001年，是中国政府批准设立的中国首家从事城市发展研究的跨学科国际化非营利组织。IUD以城市价值链理论为指导，以发现城市价值，提升城市品质为宗旨，围绕城市发展全过程，开展城市决策与预测研究，建立全球化学习网络，实施城市战略设计和行动计划。并以此为基础，构建对21世纪中国城市发展产生积极影响和推动作用的决策信息和智力支持系统。

《领导决策信息》周刊（IDM）是一份为中高级领导决策提供信息的专业化期刊。它以“为中高级领导决策提供最新、最重要、最有用的信息”为宗旨，以“权威性、超前性、指导性，独家独特独到；准确性、科学性、实用性，可信可用可存”的特色和风格深受党政界、知识界、企业界决策者的支持和认可，被誉为“中国决策白皮书”。

国际城市论坛（ICF）是国际城市论坛基金会发起并组织的中国城市面向世界最具前瞻性、权威性、开放性的非官方非营利性组织。它集高层对话、学术研究、成果发布为一体，是促进中国与世界各国城市形成长期稳定的新型伙伴关系而建立的公共平台。国际城市论坛定期举办年会、城市峰会和大讲堂公益活动，评选“中国城市管理进步奖”，推广“国际访问学者计划”和“中国城市科考计划”，出版“中国城市价值研究系列报告”，并通过网络化方式，推进地方政府官员、专家学者、企业家与论坛彼此的联系，高度重视论坛的后续行动和长期服务，积极稳妥地向机制化方向发展，独立或合作开展有助于实现论坛宗旨的各种活动。

中国政务信息网（www.ccgov.net.cn）是专为国内中高级领导提供决策信息服务的专业网站，是《领导决策信息》周刊指定的官方网站，是北京国际城市发展研究院、首都科学决策研究会和领导决策信息杂志社的网络门户，是中国政务信息内容提供商，是政府信息化的战略合作伙伴。

研究人员

主编

连玉明　武建忠

执行主编

石龙学

执行副主编

张国华

核心研究人员

连玉明　朱颖慧　武建忠　刘俊华　石龙学　李晓军　金　峰
李瑞香　张国华　孙清香　韦佳帅　武林红　李　菲　黄　亮
魏　莉　孙　胜　贾　纳　扇俊龙　张文勇　代振宇

目录

风清气正得民心

安全健康顺民意

衣食住行惠民生

改革新政与民享

社会和谐遂民愿

风清气正得民心

P e o p l e C o n d i t i o n s

习李新政，从涤荡官场作风开始

2012 年 12 月 4 日，中共中央政治局召开会议，一致同意关于改进工作作风、密切联系群众的八项规定。会议强调，抓作风建设，首先要从中央政治局做起，要求别人做到的自己先要做到，要求别人不做的自己坚决不做，以良好党风带动政风民风，真正赢得群众信任和拥护。八项规定是新一届领导集体上任后出台的第一项新政，同时，履新以来，新一届中央领导率先垂范，处处展现执政新风，在海内外引发强烈反响。分析人士指出，领导人自上而下树立新风，其实质在于凝聚党心民心，推动和深化改革。从作风建设出发，公众有理由期待即将迎来一个全新的改革开放新局面。

八项规定：新一届中央领导集体剑指作风沉疴

改进工作作风、密切联系群众，关系党和人民事业成败。新一届中

□ 改进作风八项规定

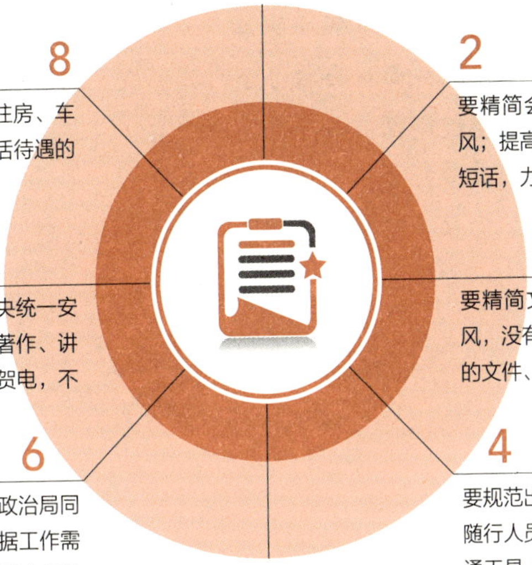

资料来源：新华社 2012 年 12 月 11 日

央领导集体上任后第一件事就抓作风建设，体现了“党要管党、从严治党”的鲜明态度和坚定决心。2012 年 12 月 4 日中央政治局会议通过的八项规定，是新一届中央领导集体出台的第一项制度，为十八大后打开全新局面提供了重要保障。

专栏

网友不满官场八宗“最”

◎最不满的“官派”：交通管制、封路、清场等

◎最不爽的会风：空话、套话连篇

◎最不得民心的官风：假公济私、贪污腐败

◎最反感的附庸风雅：公款办个人摄影展、书画展

◎最崩溃的电视新闻：领导新闻中讲空话、套话

◎最厌烦的接待陋习：铺张浪费严重

◎最抓狂的官话：套话连篇，没一句接地气儿的

◎最痛心的“官道”：瞒天过海、欺压百姓

资料来源：《河南商报》2012年12月20日

展示执政新姿态

国家行政学院教授汪玉凯指出，中央政治局出台的这八项新规定，针对的都是人民群众长期反映强烈的问题，不仅有助于改进党风政风，而且也有助于从源头上遏制腐败，展示了新一届中央领导集体的执政新姿态，是聚党心、得民心之举。

有外媒刊文说，近年来甚至一些最低级别的中共官员也享受着醉生梦死的生活方式，他们出行时乘坐有专职司机的豪华轿车，外出视察时会受到学童们的列队欢迎，许多地方官员似乎都在相互攀比，看谁能建造最大的地方政府办公楼，谁能举办最盛大的宴会……这些现象都成了公众嘲讽的对象。现在随着外界的批评声音越来越大，中国新领导层似乎决心要改变这种现状了。

针对八项规定，《人民日报》发表评论说，从“三大作风”到“两个务必”，从“八个坚持”到“四个大兴”，长期以来，我们党始终把作风建设作为党的生命线，作为党的建设的重要组成部分。在世情国情党情发生深刻变化的今天，我们更应看到作风建设的极端重要性，以作风正党风、以党风赢民心。

消除党与群众之间的“隔离带”

中央党校教授辛鸣表示，八项规定针对的都是现实问题，将行为准则和规范固化为制度，操作性强。比如要求迎来送往不铺红地毯，这与群众的亲切感自然就来了；领导干部不去东剪彩、西题词，他也就有时间与群众交流了；领导干部出行不清场、不封路，他就自然走到了群众中间。这八项规定，就是让我们的共产党员真正又回到人民中间。

《法制晚报》评论指出，八条新规看上去都是很具体的东西，力图改变的都是形式和作风层面的内容，但其本质都是要让官员真正回归到“人民公仆”的角色。比如交通这件事，如果领导们在日常的工作和生活中不能切身体会到道路拥堵、公交地铁拥挤为市民带来的烦恼，又怎么会有动力去改变现实?

《中国青年报》发表文章进一步指出，细看这些规定不仅是树立一个清新干练、与民众打成一片的官员形象，更深层的追求是：领导干部也在争取自己应有的知情权，寄望于通过破除形象和作风上与民众、民间、民意的层层隔膜和障碍，打通种种官场陋俗和歪风在官民舆论场中制造的铁幕而了解到一个真实的中国，把握到中国社会真正的脉动和真

□ 媒体关于八项规定的评论

时间	媒体	标题
2012.12.4	央视新闻联播	一个掷地有声的政治承诺
2012.12.5	光明日报	从严治党的庄严承诺
2012.12.5	北京青年报	以良好党风带动政风民风
2012.12.6	中国青年报	领导的知情权同样不可被剥夺
2012.12.8	法制晚报	用作风改变开启深层变化
2012.12.10	学习时报	像中央那样拿出硬措施
2012.12.17	中国青年报	八项规定关键在于执行
2012.12.25	北京青年报	落实八项规定应与严控三公经费挂钩

资料来源：根据媒体公开报道整理

□ 《京华时报》关于八项规定的系列评论

时间	标题
2012.12.06	关注八项规定之改进调查研究：调研歪风图什么
2012.12.07	关注八项规定之精减会议活动：政治会虫的心理图谱
2012.12.08	关注八项规定之精减文件简报：浩繁案牍劳形误事
2012.12.09	关注八项规定之规范出访活动：出国考察的福利异化
2012.12.10	关注八项规定之改进警卫工作：警车开道的官威含量
2012.12.11	关注八项规定之改进新闻报道：有些新闻为何面目可憎
2012.12.12	关注八项规定之严格文稿发表：领导干部题字须自律
2012.12.13	关注八项规定之厉行勤俭节约：奢靡风挥霍公信力

资料来源：根据《京华时报》资料整理

实的民意关切。文章说，在当下的体制困境中，被遮蔽、褫夺、侵犯的不仅有民众的知情权，领导干部的知情权更是一个被侵犯的重灾区。一些地方的做法，为高层领导了解真实的中国社会和突发事件后的真相设置了重重障碍；一些关于仪式和排场的陈规陋习，从报纸的头版、街头的管制到公文的用语，处处制造着官与民之间的对立，这种对立当然也妨碍着高高在上的领导了解到真实民意。这一次的八项规定，更是高层领导在争取属于自己的知情权。领导们很清楚，每一个陋习都是官民间的一堵墙：套话是一堵墙，仪式是一堵墙，特权是一堵墙，腐败是一堵墙，党报机关报的冗长报道也是一堵无形的墙。和谐官民关系就要加深了解，而只有拆掉那一堵堵横亘在官民之间的墙才能化解心理上的割裂而融于一体。

为改革做铺垫

中央党校教授秦刚认为，这八条新的规定对以后的工作尤其对以后推进改革做了两个方面的铺垫：一是推进改革必须有良好的党风政风。党风不正、政风不好，人民对改革就会失去期待也会失去信心。通过改变党的作风，用良好的党风去带动民风、政风，可以为改革创造良好的政治环境。二是改革肯定要有党的领导，而党的力量又来自群众的支持。党风不正、不好，党就没有威望，党也会失去群众的信任和支持。习近平总书记说“打铁还得自身硬”其实也说明了这个问题，有了好的党风，党才能更好地领导和推进改革。

中国政法大学法学院院长薛刚凌也认为，八项规定的出台很有针对性。这些年一直在讲减少“三公”支出、降低行政成本，避免铺张浪费，怎么做？就要从这些具体的细节入手，体现在细节上。

对此，《第一财经日报》发表评论认为，作风建设确实不只是一个信号、一种表态，其本身就是一种实在的变革，甚至会带动其他方面的

专栏

盘点作风改进 30 年：从不陪餐到常委出行不封路

这次中央政治局做出八项规定，实际是对改革开放以来中央试图推进作风改进的又一次努力。过去 30 年的中央文件中，几乎每隔几年，就会有作风改进的规定问世。

30 年前，中央就曾出台过改进警卫工作规定。1982 年 11 月，中央书记处批准了《关于进一步做好中央领导同志外出时警卫接待工作的几点意见》。这个意见要求，中央领导同志外出时，不用警车开道，不用警笛。1986 年，中央又重申了这一规定。

1986 年，中央办公厅还对领导人活动的新闻报道做了规定。

2001 年，中办、国办更是联合下文，对领导的新闻报道做出了规定，强调不要把中央领导是否出席，作为报道与否或报道规格的标准，中央领导观看一般性的文艺演出，也不作新闻报道。

改进文风、会风，不陪餐、不迎送的规定，改革开放以来也多次重提。1998 年 3 月 24 日，朱镕基当选总理后，主持的国务院第一次全体会议上还就此与诸位领导约法三章，并约定不为各部门工作会议发贺信、贺电，不题词、题名。

有关上述规定，中央、国务院至少在 1982 年、1986 年、1991 年、1998 年、2001 年都曾发文强调。2007 年，国务院办公厅还有针对性地下发了《关于国务院办公厅精减会议文件改进会风文风的意见》。

2003 年，中央还先后采取一系列改进作风的举措，如礼宾改革，当年取消了领导人出访离京、返京时的送迎活动。

7 年后，中国领导人出访国外的迎送仪式也被取消。2010 年 4 月 12 日，胡锦涛访问美国，机场没有出现欢迎队伍和欢迎横幅。

资料来源：《南方周末》2012 年 12 月 13 日

改革。比如，不安排宴请、不喝酒等，不仅是一个改作风的问题，还是一个规范行政成本支出的问题。要降低行政成本，则势必要在体制改革和权力约束等方面做文章。从端正党风、整饬政风开始，中央希冀的是看到党政系统中出现新气象。

《北京青年报》也刊文指出，八项规定涉及的事项大多与因公出国（境）、公务车购置及运行、公务接待“三公”消费有关。落实八项规定，改进工作作风，必将有助于厉行节俭，其最直接的结果之一应当是“三公”经费大幅降低。在“头脑风暴”过后，在总结规范之后，就需要动真格的了——自我裁减预算，提出“三公”经费缩减目标，人大机关严格监督财政预算，严控“三公”经费支出。以落实八项规定为契机，我们大力推进财政预算改革，建立现代公共财政制度，就多了一个扎实的依托和抓手。

率先垂范：中央领导身体力行改作风带来执政新风

中央党校教授林喆认为，治理文山会海，关键要加强顶层设计。什么是顶层设计？就是高级领导干部要率先垂范。八项规定指出，要求别人做到的自己先要做到，要求别人不做的自己坚决不做。这就做出了表率，带了好头。有媒体指出，八项规定的一些内容，在过去也提起过，但与以往有所不同，明确了“首先要从中央政治局做起”。由总书记和其他常委率先示范，可看出中央对贯彻落实这些规定的决心。

变革，从说话开始

2012年11月15日，习近平率十八届中共中央政治局常委同中外记者见面，在一片掌声与密集的快门声中，他面带微笑，语气恳切地说：“女士们，先生们，朋友们，大家好，让大家久等了！”

在近18分钟的讲话中，习近平19次提到了“人民”。他用平实的话语道出的十个“更”，被指说到了人民的心坎上。他强调：“人民对美好生活的向往，就是我们的奋斗目标。”

在现场采访的英国广播公司（BBC）记者注意到了讲话中诸多“人性化的表述”。她在自己的微博上写道：“习近平的演讲受到了赞扬，很多人喜欢他更加‘非正式’的遣词造句。”一位在现场的中国记者评价，习近平的讲话展现了新的风格，没有提到大的政治口号，语言非常平实和通俗。活动结束后4个小时，英国路透社在报道中写道：“习的讲话通俗易懂，表现非常放松。”

习式讲话风格很快就引发了外界的瞩目。

2012年11月29日，与其余6位政治局常委一起，习近平总书记站在一幅邓小平资料照片前方，以“刚才啊，我们参观了《复兴之路》展览”作为开场白，向听众发表讲话。

“每个人都有理想和追求，都有自己的梦想。现在，大家都在讨论中国梦，我以为，实现中华民族伟大复兴，就是中华民族近代以来最伟大的梦想。”

“‘中国梦’并不是新词，但是从领导人口中说出，还是很少见。”中共中央党校教授谢春涛说，这个通俗的词让大众很容易听懂，也更容易接受。

2012年11月21日，在全国综合配套改革试点工作座谈会上，李克强就改革问题连续插话、发问，这种打破常规的汇报方式，让一些提前准备好发言稿并且靠念稿汇报的官员感到了明显的“不适应”。据现场一位工作人员称，在听取汇报过程中，李克强一再插问，所问问题之准、之深、之专业，让官员们措手不及，手中的汇报材料根本没有“现成答案”。这位工作人员发表感想说：“只会照本宣科的官员，在这里不好混了。”

2012年11月30日，在中央纪委专家座谈会上，中共中央政治局常委、中央纪委书记王岐山也提出要求：“参加王某人的会，不准念发言稿，要学会深刻思考。”这一举动，甚至让参会学者感到吃惊。

2012年12月10日，中共中央政治局常委刘云山在北京市西城区主

□ 关于新一届中央领导带头改话风、会风的评论

时间	媒体	标题
2012.11.24	法制日报	对发问“不适”的官员要调整状态
2012.12.3	新京报	改革会风文风才能离民众更近
2012.12.3	法制日报	改革会风是改革政风的第一步
2012.12.3	北京晨报	开会脱稿要求官员什么
2012.12.4	新华网	“不准念稿”逼迫官员“话风转型”
2012.12.4	新华每日电讯	开会“不念稿”，会风之变倒逼政风之变
2012.12.4	凤凰博报	“不准念稿子”羞煞谁?
2012.12.5	新京报	“改作风”中央带头，愿推及全国
2012.12.5	新华网	中央“新会风”倒逼官员改“老政风”
2012.12.13	凤凰博报	新一届领导人教官员们如何“说话”
2012.12.14	中国青年报	让座谈会回归真话互动的生动场景
2012.12.18	新华每日电讯	中央新会风传递转变作风正能量
2012.12.24	学习时报	让空话无立足之地
2012.12.25	新华每日电讯	如何让研讨会杜绝空谈更多实干

资料来源：根据媒体公开报道整理

持召开座谈会时说，中央倡导改进会风文风，我们也要这样，所以发言也不要照稿子念，想到什么就说什么，对我们有批评意见也可以提。他最后说：“唱高调、说空话连野猪都骗不了。”

有网友评论说，习近平等新一届领导人亮相一个多月，没什么豪言壮语也没有给出什么承诺，但他们引起了国内外媒体的广泛关注，也得到来自普通网友与民众的好评。原因有很多，但其中最重要的一点就是新一届领导人改变了“说话”的方式。

长久以来，“假大空”的官话套话屡见不鲜，“正确的废话”虚耗宝贵的时间。不良话风带来的负面效应，已然显现。“台上讲得天花乱坠，台下听得昏昏欲睡”，各种场合曝出的“瞌睡虫”莫不是对文山会海的最好讽刺。

有评论认为，中国要改变要变革，最先要做的就是不说空话、大话与假话，提倡说人话、说实话、说真话。这一届领导人上来后几乎不约而同地从简洁、平实的“说话”入手，以身作则要求各级官员摈弃官话、套话、大话、空话与假话，言为心声。人们期待着，未来的纠偏能釜底抽薪，说话办事都能挤掉水分，直接亮“干货”。

不封路、不遮窗，得到最好“形象分”

“常委出行一般不封路”，这是新一届中央领导集体形成后一个明显的作风改进。2012年11月29日，7名常委到国家博物馆参观《复兴之路》展出，习近平等一行的车队是随着社会车辆一起走的，沿途没有清道。

2012年12月7日至11日，习近平担任总书记后首次离京考察选择了广东，他言行举止的诸多细节，让民众直观地感受到新领导层的新风。

□ 媒体对高层调研考察不封路的评论

时间	媒体	标题
2012.12.6	南方日报	警车，正该为百姓排忧解难开道
2012.12.7	联合早报	出行不封路，关键靠制度
2012.12.9	新华社南辰观察	“不封路”释放何种改革信号
2012.12.10	凤凰博客	习近平考察“不封路”开启新文明
2012.12.11	新京报	“不封路”释放改革信号回应改革期待
2012.12.14	光明日报	“不封路”精神将“深耕”中国社会
2012.12.16	新华社南辰观察	不遮窗与不封路

资料来源：根据媒体公开报道整理

据报道，2012 年 12 月 7 日抵达深圳后，习近平没有入住深圳迎宾馆的 1 号楼，而是选择了位于市中心福田区深南大道上的五洲宾馆；在五洲宾馆，他也并没有入住酒店的总统套房，而是入住了普通的商务套间。

在广东，习近平不仅重温当年邓小平的南巡之路，重申改革开放之志，行程中没有赶人、没有封路、没有红地毯、没有对着电视机镜头“发表重要讲话”，更主动打开车窗向围观市民招手，其随和、亲切的程度令人耳目一新。有网友在微博上直言：“风气真变了，看来，不封路没什么大不了的”“群众中是安全的”“老百姓是淳朴的”。

有海外媒体评论说，近年内地一些官员出行必定大队人马、前呼后拥，所到之处一早“封路”赶人，而且，往往是官职越小，“派头”越大。此次，习近平不封路、不赶人、不摆官威，在民众中恰恰却树立了最大的“官威”，得到了最好的声誉和“形象分”。

新华社还专门发表“南辰观察”评论说，“不封路”等举措释放的改革信号十分丰富，耐人寻味。高层以身作则、带头垂范所产生的连锁反应将不只局限于交通管制措施的单一改革。在公车治理和改革、城市治堵改革、特权车治理这些多年“老大难”的领域，都应以“不封路”的改革方向为指引，结合十八大精神，迅速推进和深化改革。

会风一改，政风一新

不说套话、不念稿子、即席追问、务求实效——新一届中央领导集体亮相伊始，会风、文风悄然改变，会议的“开法”、讲话的“语调”令人耳目一新。转变会风、改进政风、惩治不正之风，中南海发出的改革强音给人留下深刻印象。

人们还注意到，习近平在广州主持召开的经济工作座谈会也吹来一股清新之风。他表示，座谈会“不定基调，事先也没有要求大家提交发言稿”，“希望大家解放思想、实事求是、畅所欲言”。

有细心的网友在《新闻联播》中还发现，座谈会会场未拉横幅，不挂背景板，不摆桌卡，不摆花，不提供瓶装水，与会人员着装不打领带，领导自己做笔记。尤其是“领导开会不打领带”，引发微博热议。有网友称：“这种风格很国际化。”

每年岁末年初，是各种会议举行最频密的高峰期。在中央提出改进会风等八项规定以来，从高层调研轻车简从、开会脱稿求实的“顶层示范”，到近来全国性重大会议显现出的厉行节约；从国家部委到地方政府，节俭办会的风气正席卷全国。

2012 年 12 月 15 日至 16 日举行的中央经济工作会议，是八项规定出台后召开的第一个全国性重要会议。会上诸多细节折射出务实节俭会

专栏

借作风改进拒“官场消费”，鲜花销售锐减

政府工作作风的改进影响到了一些人的生意。据报道，政府部门开会不摆花的“新会风”，已悄然影响广州的鲜花销售市场，近期广州盆花销售量锐减。有花商称，最近宴会用盆花的销售额与往年同期相比下跌了八九成。

不独鲜花。此前“不喝酒”的禁令，则是让白酒业很烦恼。最近一段时间，对于白酒业来说，坏消息连连。先是塑化剂风波，接着是政府部门将刹住宴请、吃喝风，白酒业股迅速对此做出反应。几家知名酒企感觉“很受伤”。

显然，还有一些行业也会受到政府作风建设的影响。比如一些经常接待政府部门的餐厅，效益恐怕就会打折；纪念品、土特产之类的市场，也会在一定程度上被抑制。也就是说，随着政府工作作风建设的深入，一些不该支出的花费会节约下来。乐观视之，接下来的一年中，在此方面的行政成本会有降低，或许还会是一笔不小的资金。

如此看来，改进作风绝不只是让民众感到新风扑面。其深刻的意义，在拒绝“官场消费”，在降低行政成本与提升行政效能中也将逐渐显现。

资料来源：《第一财经日报》2012年12月27日

风的新景象：会场布置朴素，主席台上没有绿色植物和鲜花，就座的中央领导人由往年的20多个减少为8个；两天半的会期压缩到两天，会议开得更充实紧凑；会务组织、安全警卫、后勤服务、新闻报道等工作亦有所调整、简化，领导轻车简从，不搞迎送。

在随后召开的全国农业工作会议上，与会代表发现，会议大幅压缩

主报告，内容更精练。会议开通了短信平台提醒参会代表各种事宜，不再发放纸质通知。另外，这次会议取消颁奖，改成通报表彰名单，先进集体代表和个人不再进京。

有评论说，会风也是生产力。只要改变一下会议的形式，务实清新的会风也能产生最实际的效果，比如说，把节省的时间用于会后的贯彻落实执行，这样的会议才开得有意义和价值，高效精短的会风才可蔚然成风。

微博播报常委行踪，央媒引领文风改变

2012 年 12 月 30 日上午，新华社新华视点微博发布了一条消息：30 日一早，中共中央总书记习近平冒着零下 10°C 左右的严寒，顶风踏雪前往太行山深处的河北保定阜平县龙泉关镇贫困村骆驼湾村看望困难群众。

此前，李克强到江西九江、湖北恩施调研，新华社就发微博进行了行程播报。

有关人士指出，中央领导人到地方考察调研，行程还未结束，新华社等就通过微博播报发布还属首例。

有媒体评论说，这些及时播发的微博，让领导人的调研、考察工作有了更多现场感，这不仅让公众看到了领导人的亲民作风，而且也符合新闻传播规律。

评论还指出，新媒体既是新的传播渠道，也是新的官民互动平台，新媒体的特性也在塑造新的官民互动交流方式。这样的背景下，需要我们顺应新时代的新闻传播特性，展现政治自信，打破传统的领导人报道套路、禁区。这样才能掌握舆情的主动，赢得民众信任。

八条规定中要求，中央政治局同志出席会议和活动应根据工作需要、

新闻价值、社会效果决定是否报道，进一步压缩报道的数量、字数、时长。中国周刊总编辑、资深传媒研究者朱学东指出，改进新闻报道的作用至关重要，某种程度上，对于推广其他几种规定也举足轻重。新一届中央领导正在努力改进作风、会风、文风，如果新闻报道不改变既定模式，很难把新会风、新文风、新作风传播出去，这也是新闻报道践行“走转改”的核心要义。

朱学东表示，有关领导人活动的新闻报道改革若要持续，需要媒体自身的技术性改进，也需要报道方式和文风的调整，还需要政府部门对新闻定位及媒体管理理念做出较大转变，这就需要营造一种健康积极向上的价值观。营造积极向上的价值观，需要开放媒体和公众对领导工作情形的关注。在指令性报道之外，要允许媒体在法律和相关部门许可的空间内有自选的报道动作，应鼓励媒体根据“新闻价值”进行报道，而不是一味地依赖通稿。

在文风问题上，习近平曾在中央党校明确要求克服“长、空、假”，倡导“短、实、新”。中宣部发出《关于贯彻党的十八大精神切实改进文风的意见》，要求宣传思想文化战线把改进文风作为宣传贯彻党的

□ 媒体关于改文风的评论

时间	媒体	标题
2012.12.13	中国青年报	改文风切忌新八股
2012.12.20	光明日报	“望闻问切”：改进文风的入口——一谈切实改进文风
2012.12.21	光明日报	“学会说群众懂得的话”——二谈切实改进文风
2012.12.24	光明日报	我们今天怎样做媒体——三谈切实改进文风
2012.12.25	光明日报	我们今天怎样做学问——四谈切实改进文风
2012.12.28	南方日报	新闻媒体要带头改进文风

资料来源：根据媒体公开报道整理

十八大精神、落实中央政治局八项规定的重要任务抓紧抓好，并强调中央媒体要走在前列，在改进文风上先走一步、高出一筹，发挥好示范带动作用。

更多变化还在发生。比如，关于习近平总书记考察深圳的照片多见于微博上，远远超过了媒体对习总书记深圳之行的报道篇幅。其中，诸多媒体官方微博也非常活跃，如人民网的微博就注意到了“不封路”的细节，新华社中国网事也发布微博讨论“不封路”。2012 年 12 月 12 日，伴随着新华社关于习近平广东考察消息的发布，新京报也推出了都市类媒体中首篇习近平视察深圳的特写报道。此后，其他的媒体开始陆续跟进。另外，中央主流媒体关于领导人活动的新闻报道明显比以前短了。可以说，这些都在传达着时政报道的新风气。

雷厉风行：改作风地方落实是关键，形成制度方能持久

八项规定的出台，既是党对人民的承诺，也是中央对各级干部作风建设的动员。要做到令行禁止，使八项规定真正发挥出强大力量，关键还要看地方各级领导干部的行动。

2012 年 12 月 4 日召开的中央政治局会议要求，各地区各部门要严格执行本规定，每年年底对执行情况进行专项检查，中央办公厅、国务院办公厅要定期督促检查，每年年底通报执行情况，并向中央政治局常委会议、中央政治局会议汇报执行情况，对违反规定的要进行处理。各级纪检监察机关要把监督执行本规定作为改进党风政风的一项经常性工作来抓。审计部门每年要对各地区各部门会议活动等经费使用情况进行

审查。

八项规定出台后，主管党务宣传工作的中共中央政治局常委、中央书记处书记刘云山已在多个场合要求采取措施落实八项规定。

2012 年 12 月 31 日，中共中央政治局召开会议研究部署 2013 年党风廉政建设和反腐败工作时的进一步要求，要把监督执行八项规定作为经常性工作，制定监督检查办法和纪律处分规定，强化日常监督，做到出实招、动真格、见实效。

截至目前，全国已有甘肃、江苏、安徽、山西、湖南、新疆、黑龙江、西藏、湖北、青海、福建、浙江、云南、江西、北京等超半数省市向社会公布了具体实施细则。

北京：15 条实施意见改进作风，领导调研不搞层层陪同

2012 年 12 月 19 日，北京市委常委会召开会议，研究通过贯彻落实中央关于改进工作作风、密切联系群众八项规定的实施意见等事项。会议研究通过了《中共北京市委办公厅、北京市人民政府办公厅贯彻落实中央关于改进工作作风、密切联系群众八项规定的实施意见》。次日，北京市严格贯彻落实中央八项规定的 15 条实施意见正式出台。北京市委书记郭金龙说，中央的规定，北京不折不扣地执行，三个方面要有大的进步：调研主题要有大的变化，减少督查性，增加研究问题、解决困难的调研；简化接待，相关标准要形成习惯；新闻报道要提高质量。结合北京市实际，15 条实施意见分为“改进调查研究”“精减会议活动和文件简报”“规范出访活动”“改进新闻报道”“加强督促检查”五个部分。

□ 北京市落实中央“八项规定”实施意见要点

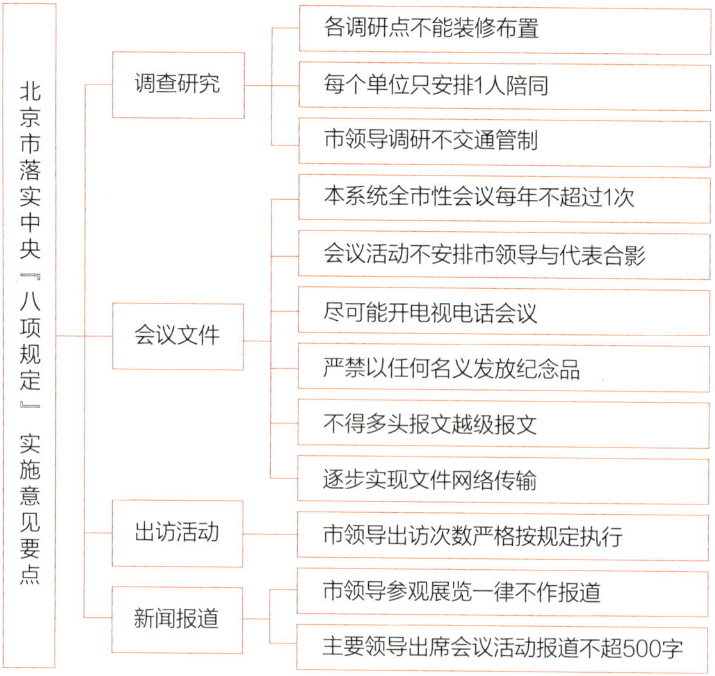

资料来源：《北京日报》2012 年 12 月 22 日

江苏：领导干部每年安排 5—7 天开展驻点调研

为贯彻落实党的十八大精神和中央政治局八项规定，带头弘扬党的优良传统和作风，中共江苏省委制定了新的十项规定。其中要求，省领导同志要切实改进调查研究，每年到基层调研时间不少于两个月，全面深入地了解基层一线的实情、检查决策政策的实效、探讨推动科学发展的实招。要着力解决民生难题，坚持和完善领导干部接访下访制度，健全“三解三促”长效机制，每年安排 5—7 天开展驻点调研，与群众同

□ 江苏十项规定

资料来源：《新华日报》2012 年 12 月 21 日

吃同住同劳动，多办顺民意、解民忧、惠民生的实事。要把贯彻执行中央和省有关规定的情况，列入省级领导班子民主生活会的重要内容，纳入省领导同志述职报告之中，列入党风廉政建设责任制检查、领导班子和领导干部考核的重要内容。

深圳：市领导参加活动要集中乘车不警车开道

2012 年 12 月 13 日，深圳市委常委会就贯彻落实中央关于改进工作作风、密切联系群众的八项规定，当好转变作风表率，结合深圳实际，提出八项要求。按照要求，市领导参加各项活动时要集中乘车、不搞警

□ 深圳改进作风联系群众八项要求

深圳改进作风联系群众八项要求

- 加强群众工作
- 改进有关活动安排
- 严格控制各类全市性会议和重大活动
- 推动政务报道改革
- 压缩发文数量、范围、篇幅
- 从严控制领导干部因公出国和国内考察学习活动
- 严格执行财务管理规定
- 严格执行公务接待有关制度规定

资料来源：《深圳特区报》2012 年 12 月 14 日

车开道。同时，要求公务接待减少宴请和陪同，提倡在商务酒店和机关食堂安排自助餐，杜绝铺张浪费。会议指出，作风建设重在执行、重在落实。按照八项要求，各部门各单位还要实现“有配套规章、有硬性约束、有监督执行、有违规惩戒”，做到领导带头、率先垂范，为全市广大党员干部做出示范，树立标杆。

新疆：工作餐不超 45 分钟 逐步换乘国产车

2012 年 12 月 25 日下午，新疆维吾尔自治区党委召开常委（扩大）

□ 新疆十项规定

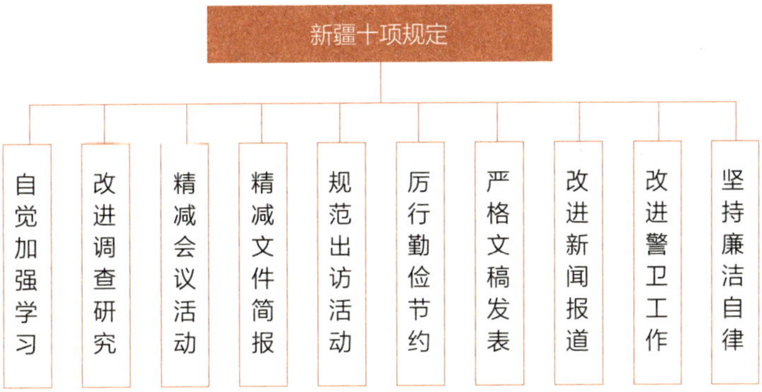

资料来源：《新疆日报》2012年12月26日

会议，审议通过自治区党委常委会关于改进工作作风、密切联系群众的十项规定和自治区党委办公厅、自治区人民政府办公厅贯彻落实常委会十项规定的实施细则。其中提出，常委要带头艰苦奋斗、勤俭办事创业，坚决反对讲排场、比阔气、大手大脚、铺张浪费。对外接待工作用餐不超过45分钟。要严格执行领导干部党风廉政建设责任制和廉洁从政若干准则，在住房、用车方面严格遵守有关工作和生活待遇的规定，在不造成浪费的前提下逐步换乘国产自主品牌汽车。

西藏：约法十章改进作风

2012年12月5日下午，西藏自治区党委召开常委会议，传达学习中央政治局关于改进工作作风、密切联系群众的八项规定，研究贯彻落实的具体措施。会议指出，按照中央政治局八项规定，结合实际、从严

□ 西藏约法十章改进作风

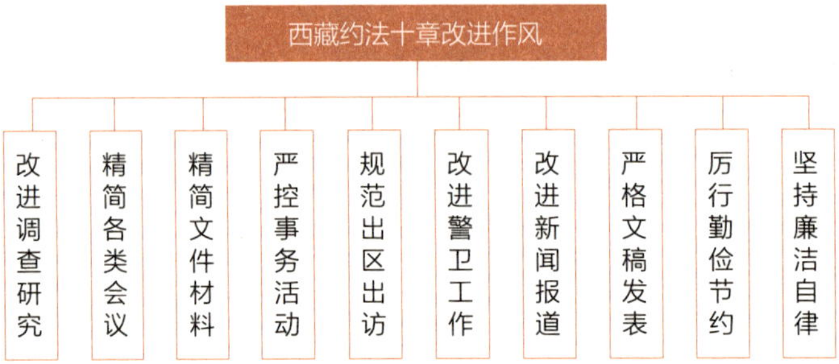

资料来源：中国西藏新闻网 2012 年 12 月 6 日

要求，西藏自治区党委常委会班子要进一步加强作风建设，做到“约法十章”。

有媒体指出，从自身做起改进作风，是新一届中央领导集体施政的第一把火。在高层颁行规定并以身示范后，针对各级官员如何改作风还应建立配套的监督与惩治体系。这当中，民众监督尤其是舆论监督是否畅通是改进“官风”的关键。在网络越来越成为舆论监督重镇的当下，改进作风就应继续大力鼓励网络发挥重要作用，对顶风违规的官员予以曝光穷追猛打，把各级官员置于以“扒粪”为长、以“围观”为风的各路微博名人、“粉丝”的火眼金睛中，让把“派头”当习惯、把特权当应得、把上级当上帝等歪风盛行的官员们无处可躲。如此，才有望从作风开始，迎来一个干部清正、政府清廉、政治清明的时代。

□ 各地落实八项规定细则比较

改进调查研究	
北京	市委、市政府主要领导调研，陪同的市有关部门负责同志不超过 5 人
甘肃	省委常委每年到基层调研不少于 60 天；不要集中或轮番到一个点上调研
福建	厅级领导干部每年到基层调研时间不少于两个月
精减会议活动	
安徽	每月第 1 个完整周为“无会周”。全省性会议，时间不超过 2 天
湖北	每年农忙季节和防汛抗旱时期，除特殊情况外，不召开全省性会议
北京	未经市委、市政府批准，市领导不出席各类剪彩、奠基活动和庆祝会等
山东	内容相近、时间靠近、与会人员重叠的会议，可合并套开或接续召开
精减文件简报	
湖北	省委相关文件一般不超过 3500 字
宁夏	没有实质内容、可发可不发的简报一律不发
规范出访活动	
甘肃	省委、省政府领导原则上每年出国（境）不超过 1 次，严禁借考察之名旅游
安徽	省委省政府负责同志出访，公务活动应占在外日程的三分之二以上
改进警卫工作	
北京	市领导调研时，不实行交通管制
宁夏	自治区领导同志到基层考察调研或参加公务活动时，不部署警卫工作
安徽	不得封山、封园、封路，不清场闭馆，不停止、限制正常的生产经营活动
西藏	非重大活动、未经批准不得用警车开道，不得封路、不清场闭馆
改进新闻报道	
北京	市领导参观展览、观看一般性文艺演出以及出席其他文艺活动，一律不作报道
甘肃	除省委、省政府主要领导外，其他常委出席会议活动不刊发侧记、特写等
严格文稿发表	
湖南	省领导个人不得担任书刊、影视片的主编、编委、顾问等职务
宁夏	自治区领导同志不为纪念物、建筑物和发行的出版物题词、题字
厉行勤俭节约	
新疆	对外接待工作用餐不超过 45 分钟
山东	省委常委到基层一律在定点宾馆住宿，不住超规格套房
湖南	严禁豪华装饰公务用车，逐步换乘国产自主品牌汽车

资料来源：人民网 2013 年 1 月 2 日

专栏

中纪委首次公布违反“八项规定”成绩单，1.6万干部遭处理

中纪委监察部网站2013年11月18日首次公布各地查处违反“八项规定”的“成绩单”。截至9月底，各省区市共计查处违反中央八项规定精神问题14839起，其中公车违规最为集中，占比达32.69%；16699名干部被处理，其中3721人被处以党纪政纪处分。乡科级干部违规最多，在16699名被处理干部中，乡科级占96.29%；在3721名被处以党纪政纪处分干部中，乡科级占95%。至2013年12月4日，中央出台八项规定满一年。

专家表示，在目前公布的信息中，没有显示省部级干部被查处的情况。中央党校教授张希贤认为，目前通报的情况只有地厅级、县处级和乡科级干部，这不够全面。建议今后在进行通报时，可以把中央巡视组在巡视中发现的省部级层面的风气问题也纳入其中。

资料来源：《北京青年报》2013年11月19日

看七常委联系点如何开展群众路线教育实践活动

按照中央开展党的群众路线教育实践活动安排，2013年7月5日到15日，中共中央政治局常委分别赴各自的第一批教育实践活动联系点，调查研究、了解情况，指导教育实践活动。习近平到河北省，李克强到广西壮族自治区，张德江到江苏省，俞正声到甘肃省，刘云山到浙江省，王岐山到黑龙江省，张高丽到四川省。这些联系点经济水平各不相同，涉及祖国东南西北。有的与领导人有工作渊源，有的在密切联系群众上有优良传统。常委们深入乡村、城市社区、企业和政府部门，听取广大干部群众意见和建议，实地了解教育实践活动进展情况。常委们还分别主持召开基层干部群众、省直部门座谈会，并听取联系点省区党委和中央督导组的工作汇报，对联系点省区进一步开展好教育实践活动提出要求。

专栏

中共中央政治局常委强调要从5方面开展好教育实践活动

按照中央开展党的群众路线教育实践活动安排，中共中央政治局常委分别到各自的第一批教育实践活动联系点调查研究、了解情况，指导教育实践活动开好头、起好步。常委们强调，开展好教育实践活动，要从5个方面着手进行。

1. 要把学习教育摆在突出位置。领导干部要带头集体学习、讨论，组织党员干部认真研读学习材料，深刻领会中央精神，始终站在人民群众的立场上看问题、想问题、解决问题，切实解决好世界观、人生观、价值观这个“总开关”问题。

2. 要紧密联系实际开展活动。要立足本地实情，联系思想、工作和生活实际，坚持问题导向，鼓励大家讲真话、提意见，切实把存在的问题搞清楚、找出来。要把开展教育实践活动与促发展、惠民生、保稳定统筹起来，做到两手抓、两促进，把教育实践活动的成效体现到推动发展和改善民生上来。

3. 要聚焦解决“四风”问题。这次教育实践活动集中解决形式主义、官僚主义、享乐主义和奢靡之风等问题。要抓住主要矛盾，认真梳理“四风”问题的具体表现，什么问题突出就解决什么问题。要坚持开门搞活动，走进基层第一线、走进群众之中，对照群众的意见找差距，对照群众的意见去整改，不辜负百姓期望。

4. 要以整风精神开展批评和自我批评。要开好高质量的专题民主生活会，勇于拿起批评和自我批评的武器，开展积极健康的思想斗争，敢于揭短亮丑、动真碰硬，达到出出汗、排排毒的效果。

5. 要保证作风建设常态长效。要针对“四风”方面查找出的突出问题，加大改革创新的力度，建立健全既管用又能长期坚持的制度，固化作风建设成果。

资料来源：新华社2013年7月16日

□ 七常委联系点在哪儿

资料来源：中国共产党新闻网 2013 年 7 月 17 日

河北：实行干部直接联系群众制度

河北省委对开展党的群众路线教育实践活动高度重视，坚决贯彻落实中央要求和习近平总书记一系列重要讲话精神，精心谋划，充分准备，周密实施，活动推进扎实有序。

八项规定落实有力。坚持以贯彻八项规定为切入点，积极为教育实践活动“预热升温”。2013 年 5 月下旬，省委召开贯彻落实八项规定专题民主生活会，深入查找问题，开展批评和自我批评，带头真抓真改。

□ 七常委“群众路线”联系点讲话摘要

领导人	时间 2013年	行程	讲话要点
习近平	7月11日至12日	河北正定县、西柏坡、石家庄市区	对我们共产党人来说，中国革命历史是最好的营养剂。多重温我们党领导人民进行革命的伟大历史，心中就会增添很多正能量。当年党中央离开西柏坡时，毛泽东同志说是“进京赶考”。60多年过去了……我们面临的挑战和问题依然严峻复杂，应该说，党面临的“赶考”远未结束。全党同志要继续把人民对我们党的“考试”、把我们党正在经受和将要经受各种考验的“考试”考好，使我们的党永远不变质、我们的红色江山永远不变色。
李克强	7月8日至10日	广西南宁、北海、钦州	要通过简政放权，转职能、改作风，切实解决门难进、脸难看、事难办的问题，更好地服务基层、服务群众。
张德江	7月12日至15日	江苏宿迁、盐城、扬州、泰州和南京	领导机关和领导干部要善于逆向思维、换位思考，站在群众的立场上看问题、想问题、解决问题。
俞正声	7月7日至8日	甘肃桑科草原游牧民定居点、王格尔塘镇卫生院、雪顿牦牛奶生产线项目建设现场、安多循环经济产业园、王格尔塘镇中心小学	必须旗帜鲜明地深入开展对达赖集团斗争；要教育引导藏传佛教界人士在政治上划清同十四世达赖的界限；确保藏区长期繁荣稳定。
刘云山	7月10日至12日	浙江丽水、衢州、杭州	用作风建设的新成效提振党员干部的精气神，凝聚推动改革发展的正能量。
王岐山	7月8日至10日	黑龙江哈尔滨等地	党风问题关系党的生死存亡，“四风”（形式主义、官僚主义、享乐主义、奢靡之风）已严重威胁到党的肌体健康，党面临的风险和挑战复杂而严峻。
张高丽	7月5日至8日	四川中航集团成都发动机公司等企业；双流县南天寺村、锦江区宏济路社区	要扩大内需、增加就业、公平竞争，千方百计筹集资金，支持中小企业、出口企业、科技型和小微企业的发展。

资料来源：财新网2013年7月18日

2013年省级“三公”经费比2012年压减2158万元，2013年上半年省本级减少接待费用近一半。省委常委带队开展落实八项规定情况大检查，查纠问题966个。坚持有规必守、不搞例外，全省清理机关违规车辆10299辆，清理“小金库”360个，涉及金额6.89亿元。

集中学习扎实认真。省委常委会成员坐在一起、静下心来，用7天时间学习中央规定的3本书，学习讨论习近平总书记在中委和候补中委研讨班、全国组织工作会议上的重要讲话精神，学习中央政治局专门会议情况通报，观看电影《周恩来的四个昼夜》、专题片《居安思危》《选择》，重读焦裕禄、谷文昌、杨善洲同志先进事迹，结合“怎样是好干部”“怎样成为好干部”“怎样把好干部用起来”，深入讨论交流，提升理论自觉，正视存在差距，增强搞好教育实践活动的政治责任。

征求意见深入广泛。从2013年5月初开始，在全省开展解放思想大讨论，征集到群众意见建议30多万条。通过对其中3万多条涉及干部作风问题意见的梳理，初步查找出“慵懒散奢”问题突出、机关工作态度冷横硬、公款吃喝宴请严重等10个方面的表现。教育实践活动动员部署后，省委召开全省优秀党员干部代表座谈会、老同志座谈会、民主党派和省工商联主要负责人座谈会、各界人士座谈会，面对面听取意见；32名省级党员领导干部分别联系1个县，蹲点3天，吃住在最基层，问民意、听民声；省委党建领导小组召开3次座谈会，征求部分市县委书记、专家学者、基层党员干部的意见建议；发挥24000名驻村干部的作用，进村入户，发放调查问卷100多万份，征集群众的期盼和建议。根据各方面的意见建议，初步梳理出省委常委集体和领导干部个人6个方面的问题、省直厅局和领导干部的18种表现，明确了改进作风的方向，找到了活动的着力点。

边学边改立说立行。2013年7月1日，省委常委会通过河北电视台、河北日报等新闻媒体，向全省公开做出克服“四风”10项承诺。围绕解决群众反映强烈的问题，从现在做起、从具体做起，开展领导干部正风肃纪行动，全面整治领导干部超标准使用办公用房等问题，采取内部公示、随机核查等措施，确保不走过场；开展重点部门提质提效行动，采取下放和取消一批审批事项、简化一批事项的审批流程等“八个一”措施，整治执法不公、效率低下问题；开展大气污染综合防治行动，坚决落实大气污染防治行动计划实施方案和50条具体措施，加快实现天蓝、水净、地绿目标；开展农村面貌改造提升行动，重点抓好3000个村的改造提升，让人民群众看到实实在在的变化。按照一开始就要重视建章立制的要求，重点建立领导机关公开承诺制度、领导干部直接联系群众制度、干部考核选任制度、领导干部生活待遇制度，切实落实“把权力关进制度的笼子里”的要求。

2013年8月3日，河北省委出台关于实行干部直接联系群众制度的意见。意见指出，为巩固党的群众路线教育实践活动成果，促进干部联系群众制度化、规范化和长效化，省委决定实行干部直接联系群众制度，使广大党员干部密切联系群众、更好的服务群众，进一步接地气、长本领，提高做好新形势下群众工作的能力。主要包括：地方领导班子成员蹲点联系群众制度；部门领导干部对口联系群众制度；机关干部下基层锻炼制度；基层干部服务群众“连心卡”制度；领导干部亲自接访下访制度；共产党员志愿服务制度；党员干部联系群众调查评价制度和党员干部联系群众督查落实制度。

广西：在教育实践活动中集中整治“机关六病”

广西壮族自治区紧密联系第一批活动单位实际，贯彻整风精神，对症下药，集中整治以“机关六病”为主要表现的“衙门作风”，让群众一开始就感受到转变作风带来的新变化。

“问症”于民，找准“病情”。教育实践活动一开始，自治区党委常委就带队深入联系点、基层单位、分管部门，到14个市、11个县、11个乡村和10多个区直单位，召开30多场座谈会，听取群众对自治区党委在反对“四风”方面的意见。同时，自治区党委以书面形式征求所有市、县（市、区）和区直单位意见建议，共收到6805条。自治区党委经过认真分析梳理，发现区党政机关“六种病”最为突出，老百姓反映十分强烈。一是缺乏担当、不敢负责的“软骨病”，只要不出事，宁愿不做事；二是高高在上、脱离群众的“冷漠病”，对上级领导的事有求必应，对群众的事毫无耐心；三是心浮气躁、弄虚作假的“浮躁病”，表起态来让人放心，做起事来让人担心；四是铺张浪费、贪图玩乐的“享乐病”，“歌声琴声声声入耳，国事公事事事无心”；五是上有政策、下有对策的“梗阻病”，“阎王好过，小鬼难缠”；六是得过且过、平庸无为的“懒散病”，“讲起玩乐喜洋洋，谈起工作懒洋洋”。

专项行动，集中整治。回应群众呼声，自治区党委痛下决心，开展“三服务”“四清理”专项行动，攻坚克难，整治“机关六病”痼疾。开展服务基层、服务群众、服务发展行动，推动党员干部到一线，在为民服务中改进作风。深入开展“万名干部入乡进村”活动，全面推行“农事村办”“结一联五”“挂包联驻”“入乡住村”等直接联系服务群众制度，到群众家门口帮助解决问题。深入开展“美丽广西·清洁乡村”活动，全区各级共派出8万多名工作队员，到14353个建制村驻村包干指导，组织农民群众整治农村环境，帮助贫困群众脱贫致富，推动农村经济社会发展。开展“四项清理”行动，清理信访积案、清理检查公开“三公经费”、清理审批事项和办事流程、清查整治环境安全隐患，着力解决群众反映强烈的突出问题。针对一些部门单位仍然存在放虚不放实、放小不放大问题，进一步加大行政审批事项清理力度，再精简审批事项400多个，优化办事流程、提高办事效率。针对2013年7月上旬发生的贺江重大水污染事件，对负有领导责任的5名干部进行停职处理，以此为契机深入开展警示教育，促进领导干部树立科学政绩观。从严管理干部，南宁市对履职不力的12名相关责任人进行问责，其中3人被免职，8人被通报批评，1人被诫勉谈话。积极清理特权，自治区党委带头取消“桂O”车牌号，为基层做出示范。

江苏：聚焦问题确保教育实践活动不“走神”

江苏省牢固树立问题导向，切实增强问题意识，紧紧围绕反对“四风”，深入查找自身问题，着力解决突出问题，即知即行、边查边改，确保教育实践活动不“走神”、不“散光”，从一开始就呈现新气象。

强化问题意识。省委常委会把加强学习教育作为第一任务，半个多月召开6次会议学习中央精神，集中3天进行专题学习，每名常委逐个谈学习体会，在思想碰撞中深化认识。各单位至少召开1次中心组学习会，党支部至少召开1次专题学习会，至少举办1次学习成果交流会，深入开展“为了谁、依靠谁、我是谁”3项讨论，对照学习吴仁宝等重大典型，引导党员干部勇于认识问题、敢于直面问题、善于解决问题，深刻认识到发展好不代表什么都好、工作好不代表没有问题、不解决思想问题就不能解决作风问题，切实增强查找和解决问题的自觉性、坚定性。

明确查找方向。省委在认真梳理近年来党内集中教育活动中查找出来的问题及整改情况基础上，召开20多个不同层面的座谈会，发放7200多份调查问卷，查找出20类作风方面存在的突出问题；集中开展落实中央八项规定大检查，组建联合督查组分赴市县和省级机关部门明察暗访，深入查找贯彻落实中存在的突出问题。对查找出的问题进行梳理分析，省委鲜明提出突出抓好“四查四治”，写入教育实践活动实施意见，作为贯穿全省教育实践活动全过程的重要抓手，即查宗旨意识牢不牢，治脱离实际、脱离群众之病；查工作作风实不实，治急功近利、不负责任之病；查精神状态振不振，治慵懒散漫、贪图享乐之病；查廉洁自律严不严，治挥霍奢靡、铺张浪费之病。

聚焦突出问题。省委省政府主要领导带头，推动领导干部进村入户，与群众同吃同住同劳动，了解民情民意、破解发展难题、化解社会矛盾，促进干群关系融洽、促进基层发展稳定、促进机关作风转变。省委主要负责同志与正省级老干部逐一谈话，省委常委分别牵头召开市县党政负责人、基层党代表等5个座谈会，省委门户网站设置专门信箱，广泛征求意见建议。省纪委及有关部门梳理反馈领导班子和领导干部作风方面的信访问题。通过第三方调查、调查问卷、专线电话、网络平台等多种方式，了解群众对省级机关作风问题的意见建议。经过初步梳理，省委常委会找出自身在学风上学用脱节、工作作风上抓落实不力、文风会风上会议和文件数量较多质量不高、联系群众上解决政策性深层次问题较少和改进作风的规定不够具体5个方面突出问题。

立说立行立改。省委常委会围绕坚决反对“四风”，向全省人民做出“八个带头”承诺，在省主要媒体公布，接受社会监督。省委研究制定《关于改进学风的意见》，明确要求健全中心组学习制度、健全基层调研制度、健全领导带头制度，制发《关于梳理和报送群众反映突出问题及整改措施的通知》，要求各单位针对已经排查出来的突出问题，至少研究确定1个重点整改事项，做出承诺，提出措施，明确时限，在媒体上集中向社会公布，依靠群众监督倒逼问题解决。

甘肃：抗震救灾就是践行群众路线

哪里有灾情，哪里就有党员干部充分发挥作用；哪里有受灾群众安置点，哪里就有鲜红的党旗高高飘扬。甘肃岷县漳县6.6级地震发生以来，甘肃广大党员干部在省委、省政府的坚强领导下，把抗震救灾一线作为践行党的群众路线的主战场，牢记宗旨、心系群众，以真情为灾区人民服务，进一步密切了党群干群关系。

把抗震救灾作为树立群众观点最生动的课堂。地震发生后，甘肃省委明确要求，各级领导干部要把抗震救灾与开展党的群众路线教育实践活动紧密结合起来，在抗震救灾中进一步增强群众观念，密切与人民群众的感情。广大党员干部积极响应省委号召，想群众之所想，急群众之所急，始终与人民群众心连心、共命运，在抗震救灾一线受到了一次生动的群众路线教育。许多党员干部表示，抗震救灾的主战场就是自己接受党性教育的大课堂，在这个课堂里，脑子里始终思考着“为了谁”“依靠谁”“我是谁”的问题，以人为本、人民至上的观念比以往任何时候都更加坚定。

把抗震救灾作为践行群众路线最有效的平台。灾情发生后，广大党员干部带头深入灾区，带头冲在抗震救灾最前沿，带头完成抗震救灾各项任务。一面面高扬的党旗成为灾区群众心中不倒的精神支柱，一个个党员干部成为受灾群众的主心骨和贴心人。在抗震救灾一线，6.8万名省市县乡“联村联户”干部迅速查看灾情，帮助转移群众，发放救灾物资，稳定群众情绪，发挥了不可替代的重要作用。灾区群众说，有干部和没干部就是不一样，有了他们，大家的心里才踏实。卓尼县在灾情发生后，迅速组织起383个党员自管小组和443个维稳小组，在第一时间帮助受灾群众搬运物资、清淤排积、疏通道路、值班守夜。

把抗震救灾作为检验教育实践活动成效最直接的标准。抗震救灾工作紧急启动之时，甘肃省委就提出，要把党员干部的现实表现作为衡量教育实践活动成效、检验党员干部队伍作风状况的重要标准。省委组织部提出，要在抗震救灾一线考察识别干部，用实际行动反对“四风”。

浙江：学习先一步 查摆深一层 整改先一着

浙江省委常委会认真学习贯彻中央精神，切实践行“带头参加学习、带头深入基层群众、带头听取群众意见、带头深入查摆问题、带头开展批评和自我批评、带头抓好整改”公开承诺，努力做到学习先一步，查摆深一层，整改先一着，当好表率、示范引领，推动教育实践活动扎实深入开展。

先学一步学到位。省委从教育实践活动开始就把学习这一重要基础抓紧、筑牢。省委常委会带头，专门制定学习计划表，一边挤时间自学，一边拿出整块时间集中学习，先后用5天时间安排了6次集中学习讨论，重点学习中央确定的“三本书”、习近平总书记一系列重要讲话精神，深入学习习近平总书记在浙江工作时撰写的《之江新语》，使每位同志牢固树立人民群众创造历史、人民是真正英雄的唯物史观，以人为本、人民至上的价值观和立党为公、执政为民的执政观，进一步强化搞好教育实践活动的思想自觉。省委还注重用好南湖革命圣地、“枫桥经验”、“最美浙江人”群体等省内特有教育资源，组织常委同志开展重温“红船精神”、继承革命传统活动，进一步升华思想，净化心灵，增强政治定力、宗旨意识和担当精神。在常委同志带头学、走在前的同时，省委专门梳理下发了学习教育环节的19项“规定动作”，要求各单位对照制订学习方案，一丝不苟、扎扎实实地搞好学习教育，确保取得实效。

深找一层挖到根。省委常委会带头把学习教育与听取意见有机结合，坚持边学边查、边学边找，深挖根源，深究原因，努力找准靶子、对准焦距。一是敞开大门找。省委组织了万人问卷大调查，收集到针对“四风”问题的各类意见建议2200余条，向各市县党委和省直单位发放征求意见表，重点征求对省委常委会加强作风建设的意见建议，原汁原味梳理，不加修饰反馈，推动大家对照查、画好像。二是深入群众找。省委常委在县（市、区）和参加第一批活动的省直单位分别建立教育实践活动联系点，带头开展以“增进与百姓的感情、增强心中百姓的分量、拉近与百姓的距离”为主要内容的基层走亲连心活动。省委主要领导同志带头，全体省委常委用2—3天时间深入社区、企业、村镇，体察民情，下访接访，面对面听群众讲真话、讲实话、讲心里话。三是座谈交流找。2013年7月上旬以来，省委领导牵头，分别召开省级老同志座谈会、市委书记座谈会、省直有关部门主要负责人座谈会、县委书记工作交流视频会、党外人士座谈会等多个会议，听取各方面对省委常委会贯彻落实中央八项规定和省委“28条办法”“六项禁令”中待改进事项的意见，对号入座，剖析反思，明确方向。

先改一着动真格。按照学习中提出的“发现什么问题就立即整改什么问题”的要求，省委常委会从解决最突出的“作风之弊、行为之垢”入手，集中开展文风会风治理，“严纪律、正作风、作表率”，提能增效，规范领导干部落实工作和生活待遇规定专项检查，“三公”经费使用检查，提振党员干部精气神“六项集中行动”：对机关干部参与酒局、牌局问题进行集中整治，狠抓反面典型；强化细微管理，省政府机关食堂午餐严格“掐饭点”，杜绝提早吃饭现象，并在全省党政机关、国有企事业单位中全面清退会员卡，限定2013年7月底前完成；切实减少会议文件，降低“三公”支出，2013年1—5月份全省各地以党委、政府名义召开的会议、举办的活动次数同比分别下降33%和54.7%，印发的文件数量下降18.8%，各类简报削减43%。2013年一季度，省财政拨款“三公”经费支出同比下降5.2%。

黑龙江：深入群众听意见 找准穴位除“四风”

黑龙江省委坚持把突出实践特色作为党的群众路线教育实践活动的着力点，“深入群众听意见、找准穴位除‘四风’”，积极创新自选动作，努力推动教育实践活动取得实效。

开通网上专栏，畅通征求意见渠道。黑龙江开通教育实践活动网上专栏和“建言献策”平台，并开设了征求意见电子信箱。前期调研阶段围绕群众反映强烈的问题，省委确定了市县和党政群机关、司法系统等

专栏

各地聚焦作风建设着力解决突出问题

从目前情况看，各地区各部门各单位普遍把活动重点聚焦在反对“四风”、解决问题上。

——深入调研找准“靶子”。江西发放1万多份问卷，征求对领导机关、领导班子和领导干部在“四风”方面存在的突出问题；北京市向中央在京部分单位征求改进工作作风的意见；山东省委常委通过蹲点调研、个别访谈等方式，认真查摆问题；内蒙古结合万名党员干部“下基层办实事转作风”活动，及时组织领导干部广泛征求意见，做到边学边查边改。

——聚焦“四风”突出问题。浙江梳理出“四风”问题的24种具体表现，找准“三公管理”、文山会海等靶子；吉林结合本省实际，提出在反对“四风”同时，还要治理“不落实”的顽症；黑龙江提出清理违规占用的住房、办公用房等7项专项治理任务；广东原有459个省级考核检查和评比表彰仅保留82项；天津开展会员卡自行清退工作，做到“零持有、零报告”；福建提出了解情况要实，解决问题要实，解决不了的问题和群众交换意见也要实话实说；海关总署将重点开展5个领域的专项治理、完善5个方面的长效机制。

——公开承诺倒逼整改。青海省委常委会向全省公开承诺，克服形式主义、官僚主义、享乐主义和奢靡之风，请全省人民监督；海南将73个省直单位向社会公开承诺的事项登报，公开监督电话；江苏省委常委会向全省人民做出集体承诺，明确突出问题整改时限；西藏、宁夏等地强调做好长效机制建设。

资料来源：《人民日报》2013年7月24日

调研对象，有针对性地开展调查研究，并梳理出群众反映比较集中的“四风”问题，作为查摆问题的对照，限期整改。

开展主题教育，精心设计活动载体。省委充分利用大庆精神、铁人精神、北大荒精神等优良传统，策划了“弘扬光荣传统、践行优良作风”主题教育活动和“深入群众听意见、找准穴位除‘四风’”主题实践活动，要求各级领导干部下基层“接地气”，省级领导、省直部门一把手、市（地）委书记带头查找“四风”问题。

一级带着一级干，一级做给一级看。省委常委班子组织 8 天的集中学习，每位常委结合学习、工作、生活实际，深入剖析自身存在的问题，带头做出承诺。面向省“两委”委员、各市（地）四大班子成员，中省直单位和省属高校等不同层面，省委专门下发通知，征求在加强作风建设、反对“四风”等方面的意见和建议，共征求到意见建议 346 条。

坚持边学边查边改，启动专项治理和制度建设工作。省委教育实践活动领导小组根据教育实践活动实施方案，围绕解决突出问题，提出了清理违规占用的住房、清理“小金库”并检查“三公”经费使用情况等 7 项专项治理任务，同时，对照专项治理项目，确定了完善党员干部直接联系群众制度、健全干部作风状况考核评价机制等 12 项制度建设具体措施，落实到 13 个责任部门，在专项治理的同时同步实现制度保障。

四川：以案为镜 明党纪“正衣冠”

用典型案例开展警示教育，推动党员干部深刻反思，“照镜子、正衣冠”，是四川开展党的群众路线教育实践活动的一项重要举措。2013 年 7 月 3 日，四川省委书记王东明在动员部署全省教育实践活动时强调，

□ 部分省区市一把手群众路线教育实践活动联系点一览

地区	书记	联系点	省长 / 市长 / 主席	联系点
北京	郭金龙	市委市直机关工委	王安顺	京城机电公司
天津	孙春兰	市委规划建设交通工委	黄兴国	市财政局
河北	周本顺	正定县西平乐乡大寨村	张庆伟	易县
山西	袁纯清	省发改委		
辽宁	王珉	省发改委	陈政高	省工商局
吉林	王儒林	省财政厅	巴音朝鲁	省审计厅
黑龙江	王宪魁	哈尔滨市	陆昊	省发改委
上海	韩正	市食药监局		
江苏	罗志军	省发改委	李学勇	省教育厅
浙江	夏宝龙	乐清市黄良村	李强	景宁县
安徽	张宝顺	省科技厅		
福建	尤权	省发改委	苏树林	省住建厅
江西	强卫	省信访局		
山东	姜异康	省民政厅	郭树清	齐鲁工业大学
河南	郭庚茂	省人社厅	谢伏瞻	省教育厅
湖北	李鸿忠	省发改委	王国生	省农业厅
湖南	徐守盛	省发改委		
广东	胡春华	省民政厅	朱小丹	省交通集团
海南	罗保铭	儋州市	蒋定之	文昌市
重庆	孙政才	市地税局	黄奇帆	市经信委
四川	王东明	成都市	魏宏	省发改委
贵州	赵克志	省发改委	陈敏尔	省财政厅
云南	秦光荣	省高级人民法院	李纪恒	省政府办公厅
甘肃	王三运	省委巡视办		
宁夏	李建华	自治区民委、宗教局	刘慧	贺兰县立岗镇永兴村

资料来源：根据媒体公开报道整理

要统筹正面引导与警示教育，既宣传正面典型、发挥示范作用，又注意剖析反面典型、发挥警示作用。

反面警示，让教育触及灵魂。四川省委下发《关于开展四项专题教育的通知》，部署在学习教育、听取意见环节，扎实开展“理论宣讲、典型宣讲、反面警示、实践课堂”四项教育活动。其中，“反面警示”教育活动，包括组织党员干部到省法纪教育基地开展现场警示教育、观看警示片、学习警示读本，引导党员干部对照反面典型深刻反思和自省。

剖析“四风”，让教育对症下药。四川将教育转风和检查促风、专项治风、群众评风、肃纪正风一并列入“反‘四风’五大行动”。该省纪委组织精干力量，从众多近年来查办的县处级以上干部违纪违法案件中，精心挑选20个典型案例，编辑、制作了警示教育读本《忏悔实录Ⅰ》和警示教育片《忏悔实录》《“象牙塔”里的蜕变》。其中，既有市（州）和省级部门原领导班子成员、县委书记的案例，也有国有企业、高校、事业单位原主要负责人的案例。为强化教育效果，该省纪委在《忏悔实录Ⅰ》一书中创新设计了“回执单”，要求县处级党员干部必须填写回执单，撰写读后感言，并统一反馈给省纪委。该省有关部门下发通知，要求各级各部门分层分类组织党员干部集中观看警示教育片，组织县处级以上干部学习警示读本，开展专题讨论和深刻反省，查找在“四风”方面存在的突出问题，同时以案促防、以案促建，切实提高党员干部拒腐防变的能力。

警钟长鸣，让教育避免“一阵风”。反腐倡廉必须常抓不懈，拒腐防变必须警钟长鸣，关键就在“常”“长”二字。2013年7月，四川省纪委下发《关于进一步加强反腐倡廉教育的意见》，旨在进一步健全机制制度，推动警示教育常态化，有力保障群众路线教育实践活动学习教育成果长效化，将警示教育纳入全省各级党委（党组）中心组学习会、民主生活会、任前廉政谈话的重要内容，作为“廉政教育大讲堂”、各级党校（行政学院）培训班的必修课程，作为案发地和案发单位专题民主生活会的重要内容。警示教育资料成系列。省纪委充分运用每年执纪办案成果，制作警示教育资料，推出《四川省反腐倡廉教育警示录》系列警示教育片等。深入开展“廉政教育大讲堂”活动。根据四川省纪委、监察厅印发的《关于开展“廉政教育大讲堂”活动的通知》有关部署，2013年内，省纪委、监察厅领导班子成员将为省委党校学员和全省工程建设、医疗卫生、教育、交通、国土等权力集中、资金密集领域的领导干部作13场廉政报告。

安全健康顺民意

P e o p l e C o n d i t i o n s

转基因食品到底能不能吃

转基因食品到底是什么

《国际生物多样性公约》下的《卡塔赫纳生物安全议定书》的目标是保证转基因生物及其产品的安全性，尽量减少其潜在的对生物多样性和人体健康可能造成的损害，在缺乏足够科学依据的情况下，可对他国试图入境的转基因生物及产品采取严格的限制与禁入措施。

2013 年 6 月 13 日晚，一条新闻出现在新华网上：中国农业部批准发放三个转基因大豆进口安全证书。7 月，中国 61 名两院院士联名上书国家领导人，请求尽快推进转基因水稻产业化。10 月，有媒体报道称，在湖南、四川等地，大量进口的转基因菜油混入国产非转基因菜籽油中，流入老百姓餐桌。著名电视节目主持人崔永元发布微博称，他已飞赴美国开始调查转基因，并将实时发布在美国超市调查的结果和图片。11 月，国家质量监督检验检疫总局证实批准进口巴西玉米的消息。巴西是全球第三大转基因玉米产地。至此全球前三大转基因玉米生产国的玉米已全部获批进入中国。有分析称，这或意味着转基因食品入华的节奏将加快……2013年以来，一系列相关报道，再次引发人们对于转基因食品安全的关注。

那么，到底什么是转基因，转基因农产品又是什么，食用到底安全与否？这要从转基因的由来说起。

转基因技术（Genetically Modified，简称GM），是指运用科学手段，从某种生物体基因组中提取所需要的目的基因，或者人工合成指定序列的基因片段，将其转入另一种生物中，与另一种生物的基因组进行重组，再从重组体中进行数代的人工选育，从而获得具有特定的遗传性状个体的技术。该技术可以使重组生物增加人们所期望的新性状，培育出新品种。转基因技术的理论基础来源于分子生物学。人们常说的“遗传工程”“基因工程”“遗传转化”均为转基因的同义词，但如今人们对改变原有动植物性状的技术称为转基因技术（狭义），将对微生物的操作称为遗传工程技术（狭义）。经转基因技术修饰的生物体在媒体上常被称为“遗传修饰过的生物体”（Genetically Modified Organism，简称GMO）。

1974年，波兰遗传学家斯吉巴尔斯基（Waclaw Szybalski）称基因重组技术为合成生物学概念；1978年，诺贝尔医学奖颁给发现DNA限制酶的纳森斯（Daniel Nathans）、亚伯（Werner Arber）与史密斯（Hamilton Smith）时，斯吉巴尔斯基在《基因》期刊中写道：限制酶将带领我们进入合成生物学的新时代。转基因技术，包括外源基因的克隆、表达载体、受体细胞，以及转基因途径等，外源基因的人工合成技术、基因调控网络的人工设计发展，导致21世纪的转基因技术将走向转基因系统生物技术。2000年，国际上重新提出合成生物学概念，并定义为基于系统生物学原理的基因工程与转基因技术。

植物转基因是基因组中含有外源基因的植物。它可通过原生质体融合、细胞重组、遗传物质转移、染色体工程技术获得，有可能改变植物的某些遗传特性，培育高产、优质、抗病毒、抗虫、抗寒、抗旱、抗涝、抗盐碱、抗除草剂等的作物新品种。

2009年11月27日，中国农业部批准了“华恢1号”“Bt汕优63”两种转基因水稻，一种BVLA430101转基因玉米的安全证书，两类产品分别限在湖北省和山东省生产应用。获得两个转基因水稻安全证书的是华中农业大学张启发教授及其同事。这是中国首次为转基因水稻颁发安全证书，也是全球首次为转基因主粮发放安全证书。但是，有关转基因水稻商业化种植的消息引来了各种担忧，也引起了部分网民的强烈反对。

2000年8月8日，中国签署了《国际生物多样性公约》下的《卡塔赫纳生物安全议定书》。2005年4月27日，国务院批准了该议定书，中国正式成为缔约方。议定书的目标是保证转基因生物及其产品的安全性，尽量减少其潜在的对生物多样性和人体健康可能造成的损害，在缺乏足够科学依据的情况下，可对他国试图入境的转基因生物及产品采取严格的限制与禁入措施。

该公约的第23条规定，对转基因生物要进行严格的风险评估、风险管理和增加决策的透明度和公众参与，应在决策过程中征求公众意见，向公众通报结果。

随着转基因问题日益成为热点，越来越多的人开始关注转基因，但是同时也出现了关于转基因的诸多争议。许多文章和书籍（例如《生化超限战：转基因食品和疫苗的阴谋》）反对转基因，甚至有反对派把支持转基因者说成了一种原教旨主义的歇斯底里。支持和反对转基因技术的声音在科技原理、监控和意识形态范畴尚存在巨大纷争。

1983年世界上第一例转基因植物——一种含有抗生素药类抗体的烟草在美国成功培植，2012年全球种植转基因作物面积达1.7亿公顷，29个国家种植了转基因作物。在各国主流生物学家看来，这项技术是生物育种的技术革命。当时有人惊叹："人类有了一双创造新生物的'上帝之手'。"从20世纪80年代开始，该项技术又逐渐发展到对植物性和动物性食品的品质改良中。20世纪90年代，人类迎来转基因食品商业化时代。1994年，第一个转基因产品——保鲜西红柿获得美国农业部和食品与药物管理局许可，并在美国上市。该种番茄具有长时间保存而不软化、货架期长等特点，赢得了消费者的青睐。在此之后截至2009年，美国转基因食品种类迅速增加。根据美国政府所公布的数据，美国市场上75%以上的加工食品含转基因成分，90%以上的大豆和80%以上的玉米、小麦为转基因产品。而美国食品与药物管理局更是在2009年年初批准了世界上第一例转基因动物产品——转基因山羊。转基因动植物相对于普通动植物，具有明显优势：优质、高产、抗虫、抗病毒等，因而使其迅速在全世界获得广泛应用。

自从1996年转基因作物实现商业化种植以来，这项可能是农业史上最有争议的技术在反对声中不断发展。有数据显示，全球约81%的大豆、35%的玉米、30%的油菜和81%的棉花都是转基因产品。种植面积排在前5位的国家是美国、巴西、阿根廷、加拿大、印度。中国种植面积约400万公顷，居世界第6位，其中绝大部分是转基因抗虫棉。

转基因技术可能不是未来农业的唯一之路，但由于其是现代生物技术的核心，在各国主流生物学家看来，这项技术拓宽了可利用基因的来源，实现了育种工作的可预期、精准、可控、高效，大大节约了人力、物力和时间，是生物育种的技术革命。

据国际农业生物技术应用服务组织（ISAAA）统计，从1996年至2011年，转基因作物增加了价值982亿美元的农作物产量：其中51%是由于减少生产成本（耕犁更少、杀虫剂喷洒更少以及劳动力更少）所得的收益，另外49%来自3.28亿吨产量收益。如果在1996年至2011年间转基因作物没有产出3.28亿吨额外的粮食、饲料和纤维，则需要增加1.087亿公顷土地，极有可能使用生态脆弱的贫瘠土地或砍伐热带雨林。

转基因农作物有助于减少农药使用量。目前大规模种植的转基因作物主要是抗除草剂和抗虫害品种，可以大大减少化学农药的使用，对老百姓和环境都有益。

另外，培育抗旱新品种也是转基因育种的一项重要工作。全球气候变暖更加剧了干旱的频繁发生。传统抗旱育种由于在目标物种中缺少合适的遗传变异，育种效率一直不高。近年来，科学家们在不同物种中鉴定出了一批有重要抗旱作用的相关基因，给利用转基因技术培育作物新品种提供了条件。

据国家转基因生物安全委员会委员林敏介绍，2008年中国启动实施了“转基因生物新品种培育重大专项”，这是农业领域唯一的重大专项。2010年国务院又将生物育种产业确定为战略性新兴产业，予以重点支持。2008年至2012年，国家共投入50多亿元。林敏认为，尽管如此，每年平均10多亿元的投入也有限，一个国际种业大跨国公司年研发经费投入就超过10亿美元。

转基因食品到底安全与否

美国孟山都公司是全球转基因食品的“始作俑者”。该公司成立于1901年，总部设在美国密苏里州圣路易斯，创始人约翰·奎恩伊以他妻子的名字奥尔加·孟山都为公司命名。它最初是以生产人造甜味剂（糖精）起家，后来经过一个多世纪的成长，这家普通的化学公司已经跃身成为全球农业垄断巨头。如今的孟山都更梦想能够通过转基因技术改造全球农业生产，并建立一个整合世界上三大产业（农业、食品和健康）的庞大商业帝国。

转基因技术虽然应用广泛，但也引发了诸多质疑。吃转基因食品对人们的健康来说，到底安全不安全？这恐怕是所有转基因争议中最核心的问题了。

2013年5月25日，全球52个国家的436个城市爆发了反对转基因食品的示威活动，抗议矛头对准跨国生物公司孟山都，该公司被指不遵守环境和社会标准。示威者对孟山都集团提出了各项指控：试图通过其特殊的转基因种子垄断食品工业；制造农民对其种子的依赖性；为了实现其目标，与政界和科学界建立密切关系；多次试图注册生命专利以及损害消费者健康。

继《孟山都眼中的世界》《食品公司》《转基因种子的威胁》之后，一部名为《转基因赌局：用生命下注》的纪录片在网上播得十分火热。这部美国人如何看待转基因的纪录片，用90分钟的时长采访了28位专家，以及一些美国母亲。相比英国人对转基因的保守、阿根廷的开放，大部分美国人都开始立场鲜明地反对转基因食品，并拿出了自己“血淋淋”的证据。片子里的专家普遍认为转基因食品是引起一些慢性病，尤其是肠道疾病的罪魁祸首，美国母亲们则认为孩子们日益加重的过敏症状也该归结为吃了太多转基因食品。该片作者责任科技协会创始人杰弗里·史密斯提出了一个观点："你不能控制昨天生产的商品，但通过今天的选择，你的消费能影响明天生产的商品。" 该片制作时正值美国总统大选前夕，当时还有一项关于转基因食品强制标注的提案（Proposition 37）正在美国多个州同时进行投票。这项法案之前在美国19个州接连碰壁都没有获得通过。截至2013年11月，美国农业部和食品药品管理局仍然执行生产者自愿而非强制的标注政策。

质疑转基因产品安全性者认为，目前转基因食品还存在几个说不清楚的问题：第一，食品安全说不清。自转基因食品问世以来，国外已有食用不安全长期实验，而中国至今没见到有针对性的长期安全性实验报道。第二，生物富集说不清。食物链中有益物质的富集或有害物质的集聚对上一级生物的健康极为关键。目前，转基因作物大多用于饲料，这类转基因生物加入其原来没有的抗病虫害基因或抗杂草基因，其本体会有哪些富集变化，被家畜富集后又会怎样，人食用后会产生什么影响等问题，应科普展示全面系统的科研过程。第三，药食关系说不清。利用转基因技术可建立动物药库和植物药库，但转基因药物对人体有无风险及所做的长期研究监测应展示给消费者。第四，生态影响说不清。转基因生物具有自然生物所不具备的特点，若被释放到环境中，可能使原有的生态平衡被打破，改变物种间的竞争关系。第五，基因污染说不清。转基因生物造成的基因漂移可能会破坏原有生物品种的遗传多样性。例如转基因作物花粉随风飘散，由此改变其他同类品种生物特征，造成的基因污染将防不胜防。

在中国，围绕转基因食品安全引发的担忧同样强烈。2013年6月，黑龙江省大豆协会一份"转基因大豆与肿瘤高度相关"的分析报告，引发转基因反对者和支持者的"口水仗"。

根据《2012中国肿瘤登记年报》中相关数据显示，黑龙江省大豆协会副秘书长王小语称：“我依据自身在粮食行业20年的工作经历，发现致癌原因可能与转基因大豆油消费有极大相关性。”王小语分析称，河南、河北、甘肃、青海、上海、江苏、广东、福建等地，基本是我国转基因大豆油的消费集中区域，这些区域同时也是中国肿瘤发病集中区。黑龙江、辽宁、浙江、山东、湖南、湖北、贵州等地基本不以消费转基因大豆油为主，不是肿瘤发病集中区域。这一言论经由媒体传播，再次将国内转基因食品安全问题的争议推向风口浪尖。

中国工程院院士、著名植物育种专家袁隆平曾经指出，在没有实验结果作为根据的前提下，将转基因用于主粮生产是“要慎重的”。袁隆平坦言，转基因对性能力和遗传性的影响是需要实验证明的，如果有年轻人自愿做实验，吃转基因食品在两年以上，不影响生育和下一代的健康，那才安全。

就在转基因食品安全性存在广泛争议的情况下，2013年10月25日，张掖市委市政府出台《关于建设农产品安全大市的意见》，明确禁止转基因种子的繁育、销售和使用。张掖成为全国首个通过出台文件明确禁止转基因作物种植的地级市。

为了解答转基因相关问题，有科学家采取了大大超过常规食用剂量的超常量实验，来评估长期食用转基因食品的安全性。比如，大鼠90天喂养实验，其实验时长相当大鼠整个生命周期的1/8；大鼠2年喂养实验，则是观察其整个生命周期的慢性毒性实验。但是，仅仅通过对大鼠的实验，就证明食用转基因食品是安全的，不可能改变生物的遗传特性。这可靠吗?

转基因食品入市前都要通过严格的毒性、致敏性、致畸等安全评价和审批程序，不计算实验室时间，仅安全评价阶段一般需要经过3年以

□ 国际十大"转基因安全事例"

事件	影响
巴西坚果与转基因大豆事件	美国先锋种子公司将巴西坚果中编码2S albumin蛋白的基因转入大豆中，提高了转基因大豆中的含硫氨基酸。1994年，该公司发现对巴西坚果过敏的人同样会对这种大豆过敏，于是立即终止了这项研究计划。但此事后来一度被说成是"转基因大豆引起食物过敏"，作为反对转基因的一个主要事例
普斯泰土豆事件	1998年，据苏格兰Rowett研究所的科学家普斯泰（Arpad Pusztai）称，他在实验中用转雪花莲凝集素基因的马铃薯喂食大鼠，大鼠"体重和器官重量严重减轻，免疫系统受到破坏"
美国帝王蝶事件	1999年5月，康奈尔大学昆虫学教授洛希（John Losey）撰文称，他用拌有转Bt基因抗虫玉米花粉的马利筋杂草叶片饲喂帝王蝶（Monarch butterfly）幼虫，发现这些幼虫生长缓慢，并且死亡率高达44%。洛希认为这一结果表明抗虫转基因作物同样对非目标昆虫产生威胁
墨西哥玉米事件	2001年11月，美国加州大学伯克利分校的微生物生态学家查佩拉（David Chapela）和奎斯特（David Quist）发表文章，指出在墨西哥南部地区采集的6个玉米品种样本中，发现了一段可启动基因转录的DNA序列。绿色和平组织于是说墨西哥玉米已经受到了"基因污染"
中国Bt抗虫棉事件	2003年6月3日，南京环境科学研究所与绿色和平组织在北京召开会议，发布"转Bt基因抗虫棉环境影响研究综合报告"，随后被很多媒体转载刊发，引发国际争论，成为国际上争论转基因抗虫棉安全性的重大事件之一
法国孟山都转基因玉米事件	2007年，法国分子内分泌学家塞拉利尼（Gilles-Eric Seralini）及其同事对孟山都公司转抗虫基因玉米的原始实验数据进行统计分析，得出老鼠在食用转基因玉米后受到了一定程度不良影响的结论。2009年，该研究组经再次分析，发表文章指出，食用了90天转基因玉米的老鼠，与食用转基因玉米不到90天的老鼠，其肝肾生化指标有差异，认为这种差异应解释成食用转基因玉米后造成的
俄罗斯之声转基因事件	2010年4月16日，俄罗斯广播电台"俄罗斯之声"栏目，以"俄罗斯宣称转基因食品是有害的"为题报道了一则新闻。新闻称，由全国基因安全协会和生态与环境问题研究所联合进行的试验证明，转基因生物对哺乳动物是有害的

（续表）

事件	影响
中国广西玉米事件	2010 年 2 月，一篇题为《广西抽检男生一半精液异常，传言早已种植转基因玉米》、署名为张宏良的帖子引发了不少公众对转基因产品的恐慌。文章称，迄今为止，世界所有国家传来的有关转基因食品的负面消息，全都是小白鼠食用后的不良反应，唯独中国传来的是大学生精液质量异常的报告。
中国“先玉 335 事件”	2010 年 9 月 21 日，《国际先驱导报》发表调查文章称，山西、吉林等地老鼠变少，母猪流产等种种异常与这些动物吃过的食物——先玉 335 玉米有关，记者同时调查称，先玉 335 与转基因技术之间有着种种联系
法国转基因玉米致癌事件	2012 年 9 月 19 日，法国分子内分泌学家塞拉利尼及其同事在《食品和化学毒物学》杂志上发表文章称：实验鼠用抗除草剂玉米 NK603 和被草甘膦除草剂 Roundup 污染的饲料喂养了 2 年以上，在所有喂食含有 NK603 和草甘膦除草剂饲料的雌性实验鼠中，50% 到 80% 的实验鼠长了肿瘤，而且平均每只长的肿瘤多达 3 个，而在对照组中，只有 30% 患病。在接受实验的雄性实验鼠中，出现的主要健康问题包括肝脏受损、肾脏和皮肤肿瘤，以及消化系统疾病

图表说明：中国农业科学院的相关资料表明，在生物技术育种 20 多年的发展历程中，有 10 个“转基因安全事例”常常被人当作反对转基因的佐证。中国农业科学院生物技术所将这 10 个事例列出，并通过对这些事件的原始出处和权威机构的最终论断进行分析，认为这些事例均缺乏科学依据。

资料来源：中国农业科学院网站 2013 年 1 月 5 日

上的时间，目前还没有其他食品经过这样严格的安全评价。

世界卫生组织以及联合国粮农组织认为，凡是通过安全评价上市的转基因食品，与传统食品一样安全，可以放心食用。国际食品法典委员会于 1997 年成立了生物技术食品政府间特别工作组，制定了转基因领域风险分析原则和指南，成为各国公认的食品安全标准和世贸组织裁决国际贸易争端的依据。

□ 转基因标识政策一览

政策类型	国家及政策
自愿标识政策	美国食品药品监督管理局（FDA）发布的食品标签指南规定，食品是否标注“转基因”由食品公司自愿决定。对于标示问题，美国国内曾争论不休，但美国最终采用自愿标示的逻辑在于，如果某一食品标签标有“非转基因食物或不含转基因成分”，其隐含的意思是这种食品优于其他食品，从而导致消费者产生歧义。法规不允许这种误导性的食品标注
强制性标识政策	2003年10月18日，欧盟颁布了两项有关转基因食品标识的法规，即《转基因食品及饲料条例》及《转基因生物追溯性及标识办法以及含转基因生物物质的食品及饲料产品的追溯性条例》，要求对转基因产品进行严格标示
	日本于1999年公布了《转基因食品标识方法》，从2001年开始根据《食品卫生法》和《农林物质标准化及质量标识管理法》，对转基因农产品实行标识制度。除了农作物须标示，含转入基因或者转入基因产生的蛋白质仍然残存的食品，如豆腐、过油类加工食品等也须标示
	中国农业部《农业转基因生物标识管理办法》要求，凡中国生产销售的食用大豆油、花生油，必须标明原料大豆、花生是否转基因产品。卫生部《转基因食品卫生管理办法》要求，食品产品中含有转基因成分的，要在包装上标明转基因标识。标识的方法分为3种，以转基因大豆为例：转基因大豆在进口时应在外包装上注明“转基因大豆”；进口经加工为豆油后，应注明“转基因大豆加工品”；如果某面食的加工中使用了转基因豆油，但制成品中已检测不出转基因成分，仍要注明“本产品加工原料中含有转基因豆油，但本产品中已不含有转基因成分”。上述标识规定不仅适用于进口的转基因农产品，国产的转基因农产品也必须进行转基因标示

图表说明：美国、加拿大、阿根廷以及中国香港等国家和地区采用自愿标识政策。除以上4个国家或地区外，其他国家和地区大多采用强制性标识管理政策。

资料来源：《时代周报》2013年9月26日

国家食品安全风险评估中心研究员徐海滨指出，国际上的主流学术观点认为，世界卫生组织（WHO）及世界粮农组织（FAO）对转基因食用安全有一个明确的定论，就是通过安全评价、在市场上销售的这类产品都是安全的。在中国，是获得安全证书的。而我们很多转基因食品，是通过转基因技术把它做成一个植物种类，在地里面做研究。没进入市场的时候，它不能通过法规部门的严格安全评价，它的安全性问题不能说没有。

西南财经大学教授顾秀林是转基因食品的坚决抵制者。她认为，转基因技术从根本上讲是灭绝人类的邪恶技术，坚决不同意标注出售转基因食品。转基因食品就算标注百分之百正确，仍然是带着不可估量的威胁合法进入市场，而且反而把它合法化了。

顾秀林表示，转基因食品究竟是“改良”还是“谬误”，需要从理论和实践两方面加以讨论。从理论上讲，转基因技术所依据的“一个基因决定一个蛋白 / 生物性状”的理论，早在 1980 年前就被证明是错误的。一个基因能参与决定数千个蛋白质，绝不是人工能控制的；而实践证明，转基因农作物没有任何可取之处。她强调，生命是演化的，野生的驯化的都会随着时间和环境而演化，而转基因技术是逆演化的，它依据的理论假设是基因决定论，用于实践非常勉强，第一代转基因技术，即基因插入，仅用了不到 10 年就失败了。这样发展农业只能导致灾难。只有顺应演化的育种技术才是可持续的。

顾秀林指出，生物技术最严重的问题是对大众健康的打击。传统状态下的食品问题，只是霉烂变质、加工保鲜过度、出现食物中毒的问题。现在的食品问题是另一种表现，涉及一种新规范。国际和国内科学研究都在提示，转基因造成了肝肾损伤、激素干扰、生长发育受阻或者繁殖出问题，这都要建立新规范。某些转基因推手之所以敢说，从来没有一个具体例子说明转基因引起人体疾病，是因为他们一直在用食物中毒的旧规范来说转基因没问题。长期食用转基因食物的后果非常可怕。它不会造成食物中毒，但是会损伤肝肾、扰乱激素、导致肿瘤、缩短寿命。事实上，所有的动物实验只要超过 90 天，无一例外地揭示了转基因产品的毒害问题，但目前需要在动物实验方面做的后续研究，在中国却没有人做。

针对前段时间在湖北举行的“黄金大米”品尝会，顾秀林认为是“逼宫”行为，“转基因食品需要批准才能种植和销售，黄金大米没有被批准就试吃，是公然违法的”。“超级稻”也要一分为二地看，其中有的就是转基因技术。“一粒种子平天下”是完全错误的农业路线，转基因更是错上加错。农业的安全和可持续性依靠的是生物多样性，生物物种多样性基础上的生态平衡才是农业安全的保证。

顾秀林表示，美国人的饮食结构与中国国民差别较大，以肉蛋奶为主，占 70%，但饲料基本上都是转基因产品；美国的蔬菜水果和主粮基本上没有转基因产品，唯有甜玉米例外，有 2% 左右的甜玉米应用了孟山都公司的转基因技术。美国农业部的统计说明，美国植物食品中转基因成分不超过 2%，而这个事实被中国的主流媒体刻意掩盖和曲解了。

事实上，虽然转基因技术和产品在美国可以合法进行并且商品化，但是其研发、生产和流通的整个过程依然受到美国几大政府部门的严格监控，在美国成为世界最大转基因作物生产国的背景下，是严密细致的法制化管理和监控体系。目前美国有 4 家机构负责转基因作物与转基因食品的安全，它们是国家生物安全委员会（IBC）、美国农业部下属的“动物与植物卫生检测所”、美国食品药品管理局（FDA）和环境保护局。此外，美国转基因食品的安全还要定期受国会有关小组和一些国际组织（如 WTO、FAO 等）的咨询和监督。在美国，关于转基因技术的实验实行的是报告制和审批制，即由开发公司报告，政府审批。

在有关转基因安全性存在巨大争议的背景下，有专家表示，应该充分保证群众对转基因食品消费的知情权，把选择权交给群众。农业政策专家、南开大学周恩来政府管理学院博士生导师程同顺认为，跳

专栏

崔永元："要做善良科学家的一条狗"

对于久受睡眠困扰的全国政协委员、前中央电视台主持人崔永元来说，中午11点就是他的"清晨"。3月1日11时46分，借助安眠药维持了五个小时左右的睡眠后，崔永元起床把2013年年底赴美拍摄的转基因纪录片传到网上，很快就又睡了过去，甚至没来得及起一个劲爆的名字。

接受中新社记者专访时，崔永元转基因纪录片的播放次数已超过100万次，但他对此并不惊讶："大家以前都不知道转基因是怎么回事，我在美国采访的时候，就知道这些内容公众看到会特别关注。"

为了解美国使用转基因食品的真实状况，2013年12月8日到18日，崔永元走访了美国的洛杉矶、圣地亚哥、芝加哥、斯普林菲尔德、西雅图、戴维斯六个地区，对当地的专家和民众进行了有关转基因食品的近30场访问，共获得40个小时的采访素材。

回国之后，崔永元亲自参与纪录片的编辑与配音。原先的方案是制作两集，支持和反对的声音各列一集，但因为没有对立使两方的观点都缺少力度。之后他开始重新编辑，将截然相反的观点罗列在一起，形成最终68分钟的纪录片。

纪录片中，他不讳言美国大使馆农业处曾与其联系，希望他采访支持转基因的加州大学戴维斯分校的马廷娜教授，但他同时也采访了美国西华盛顿大学的斯万森教授对前者的观点进行反驳。

"我拍摄纪录片的目的就是把国外对转基因争论的事实摆出来。我们一些专家说转基因没有争论，美国人吃得很放心。但是看到片子中争论的内容就知道事实不是这样。"崔永元说。

他对中新社记者表示，接下来他会考虑将采访的原始视频都放到网上，让公众了解美国对于转基因技术正反两方面的全部观点。

专栏

此外，他还将前往其他国家，拍摄更多关于转基因的纪录片。

本次出席全国政协十二届二次会议，崔永元同时带来了一份与转基因“紧密相关”的提案。而在他所处的无党派人士界别中，同时还有著名杂交水稻专家、中国工程院院士袁隆平——据媒体报道，后者一直坚持认为转基因是否有害不能一概而论。

“我认为转基因有无危害的无定论，这个表述非常棒。大多数专家可能都持这样的观点。”崔永元说，“那么确实有争议的东西就应该放一放，尤其是不能做成主粮，这很危险。”

崔永元表示，大概两年前他就和袁隆平谈过转基因的话题，但当时他对此并未在意。“如果这次我们能在大会上碰到肯定还会讨论转基因。政协的平台应该讨论大家都关心的话题。”

此后，崔永元又开始与方舟子等展开了关于转基因的论战。关于论战缘由，崔永元在接受《南方周末》采访时甚至称“要做善良科学家的一条狗”。崔永元说，他明白了为什么转基因讨论的气氛这么糟糕，为什么很多沾边的科学家没法陪着玩，总是绕道或认怂。现在崔永元就是要扮演善良科学家的这条狗，去努力摁住对方，让两派科学家在良心的层面上好好争，我们坐旁边看哪边争得有道理。这才是科学需要的环境。

而在另外一次接受北京青年报记者专访时，崔永元表示，要不是卷入微博论战，自己应该一辈子也不会跟转基因去较真。他自费到日本、美国进行了四次调查，发现转基因的安全性与商业化在美国科学界至今仍有争议，而美国人民也并非放心地吃了许多年。支撑崔永元的动力，来自“民众应该有选择权利”的理念，他怀疑，有人故意设置信息壁垒。

论战至今还在持续，他的身份也由央视主持人变为中国传媒大学老师。2014年“两会”上，他把正在调查的国内转基因作物非法

专栏

种植的问题带上会，作为全国政协委员，他的关注点将直指转基因的商业化监管。

崔永元称：“我访问了很多人，都说没关注过转基因。甚至有一个美国记者说，我们稀里糊涂吃了十几年，竟然被中国人拿出当样板，说我们放心吃了十几年。

我两次赴美间隔一个月，之前只有韩国人开的餐馆里菜单上标注用非转基因大豆。我去有机超市，看到商品只标出有机部分；隔了一个月，超市商品里非转基因的标志就出来了。当然，这并不意味着全美国都发生了这样的变化。”

而关于转基因技术本身，崔永元的隐忧在哪儿？他说：“转基因技术得分开看，在研究室里，理论上没人看它是否可能对人类造成风险，因为我觉得这可能不是科学家的考量范围，实验室就是研究；但当它成为一门技术要使用尤其是要使用到人类身上的时候，我认为，研究室里科学家的说法只是众多说法中的一种；因为这个时候众多科学家都可以参与进来，比如环境、土壤、医学甚至社会学、伦理学专家都会参与进来，所有人都有参与的权利。”

资料来源：根据中国新闻网、《南方周末》《北京青年报》等综合整理

出有关转基因食品安全性的争论之外，人们有权知道吃进肚子里的食物到底是什么，应该充分维护人们对食物的知情权和选择权。任何商品都必须充分尊重消费者的知情权，商品真实的信息情况必须提供给消费者。中国消费者协会专家顾问、律师邱宝昌表示，消费者的知情权、选择权是法律赋予消费者的权利，同时履行这种规定也是经营者的义务。

ISAAA 的数据显示，2011 年全球共有 29 个国家种植了 1.6 亿公顷

□ 美国出口到中国的大豆中 90% 以上都是转基因大豆

图表说明：美国官方数据表明，美国大豆产量约 25% 都出口到中国，中国已经是美国最大的大豆出口地，虽然中国也是全球第四大大豆生产国。在美国出口到中国的大豆中，90% 以上都是转基因大豆。美国目前 95% 的大豆种植面积，都采用了转基因技术，年产量 8000 多万吨，其中 45% 用于出口，55% 供美国国内消费。

资料来源：中国产业经济信息网 2013 年 8 月 21 日

的转基因作物，占全球耕地的 10%。许多发展中国家在进口转基因粮食的时候，为了保证本国人民的安全和健康，规定转基因食品进口前要经过一段时间（约 20 个月）的安全评价期。

欧盟对转基因作物和食品管理是非常严格的，被允许在欧盟市场上销售的转基因食品本来就很少，而且主要用于动物饲料和工业原料，用于人类食品的只有寥寥几种。自 1998 年以来，欧盟便没有批准过任何一种新的转基因食品上市，从而形成了一种“事实上的禁令”。目前欧洲仍有法国、奥地利、匈牙利、卢森堡、德国和希腊 6 国禁止种植转基因玉米。欧盟委员会曾做过一项调查，发现 70%的欧洲人不想吃转基因食品，94%的欧洲人希望能自己选择是否购买含转基因物质的产品。

对允许上市销售的转基因食品欧盟的控制也非常严格：一方面是转

基因食品的可追溯性，每种转基因食品的标签上都包含产地信息，一旦发现某种转基因食品对人体或者环境有威胁就马上下架；另一方面，欧盟规定转基因食品的标签上必须有统一的特殊标识，由字母和数字组成，让消费者一看就知道是转基因的，给消费者选择的自由。

欧盟对转基因食品的抵制态度，引起了美国等转基因产品生产大国的强烈不满。2003 年 5 月份，美国还与加拿大、阿根廷等国联手，将官司打到了世界贸易组织。

当地媒体资料显示，俄罗斯市场上含转基因成分的食品比例不足10%。从品种上来看，最常见的含有转基因成分的食品为豆制品、米面制品和肉类食品。俄政府规定，转基因食品要通过注册准入制才能上市。根据俄政府 2004 年颁布的食品卫生条例，转基因成分超过 9% 的食品都需在包装上明确标识。这种标签的底色为浅绿色，上面印有“含有转基因成分”的深绿色字样。莫斯科市政府还特别规定，标签上应注明转基因产品原材料在俄罗斯的注册情况。此外，莫斯科市政府对转基因食品的销售还有一些限制措施。

日本是粮食进口大国，每年进口大量来自转基因作物的食品。但由于日本消费者对转基因食品还存在诸多顾虑，日本政府要求对转基因食品进行严格的安全检查，并进行一定程度的标识。日本也出台了一系列严格管理转基因食品的制度。所有进口的转基因农产品都必须先获得批准，由食品安全委员会负责审查。如果企业进口非安全名单上的食品，就会受到处罚。此外，相关产品还必须符合国际《卡塔赫纳议定书》中关于进口转基因动植物的规定。另外，在加工转基因食品时，企业也需要遵循日本农林水产省的质量标准。农林水产省的调查机构会用 DNA 鉴定技术对相关产品进行检查，如果其中的转基因成分含量较高而违反了标识规定，就可依据相关法规进行罚款。

转基因发展趋势恐难逆转

21 世纪是生命科学的世纪，在基因农业时代，无论支持还是反对、喜欢还是害怕，转基因技术及其产品已经渗透到社会的各个角落，“转基因化”已成世界农业发展的大势所趋。

2013 年 6 月 26 日，2013 年的“世界粮食奖”颁发给从事转基因研究的一位企业家和两位科学家，这也是该奖项设立 27 年以来第一次授予转基因技术。世界粮食奖基金会特别肯定了三位得奖人在培育高产优质、抗病虫和极端气候影响的农作物新品种中的突出贡献，称其技术使全球 1.7 亿农民受益。

转基因与人们的日常生活息息相关。作为世界农业增产的重要手段，“转基因化”已成世界农业发展的大势所趋。据 ISAAA 统计，2012 年全球种植转基因作物面积达 1.7 亿公顷，与 1996 年相比增长了 100 倍，29 个国家种植了转基因作物。

目前，全球已成功研发 600 多种转基因种子，大多数诞生在美国的实验室，但美国投入商业使用的转基因作物只有 8 种，即玉米、大豆、棉花、油菜籽、甜菜、苜蓿、木瓜、南瓜。美国种植的 85% 的玉米、91% 的大豆以及 88% 的棉花为转基因。

靠肉眼和经验选择育种，到杂交育种，再到诱变育种，以及现阶段以转基因育种为主的分子育种，这是转基因技术走过的发展路径。杂交育种和诱变育种的作物为全世界广泛接受，而转基因技术的原理与其没有差别。专家指出，过去采用杂交等技术的科学家，为了获取某个基因所代表的特性，必须从成千上万的实验结果中撷取自己所需的那一个，而转基因技术则将这种“大撒网”变成精确制导，要什么，就摘什么。

专家指出，现在造成大家疑惑的一个重要原因就是对于农业历史的

□ 2006—2012 年中国进口大豆总量和金额

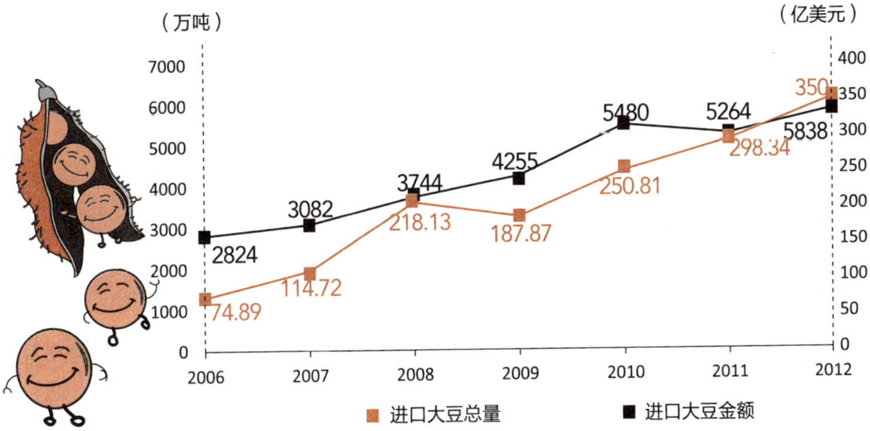

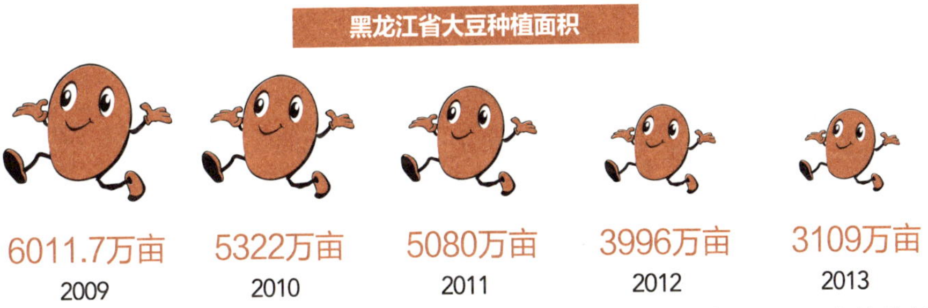

图表说明：目前，中国一半以上的食用油为大豆油，而大豆油市场 90% 以上的份额被转基因大豆油占据。近几年中国大豆进口量攀升速度非常快，国产大豆产业不断遭受挤压。海关数据显示，近年来中国大豆进口量屡创新高，整个大豆产业链有全面丧失自主权的危险。更为严峻的是，随着国内居民消费升级需求越来越迫切，未来几年国内大豆对外依赖度会越来越大，中国本土的大豆产业可能会萎缩得更厉害。

不了解。人类改变动植物基因的过程其实已经持续了一万年。在 18 世纪，也就是 300 年前，人类就已经实现了物种之间的基因转换。而现在的技术不过是更精确了。简单地说，现在吃的大多数农作物都是人类进行人工选育的，也就是说，人类在不断地把优良基因转出去加以利用，这是一个漫长的过程。而转基因作物则是通过人工操作把基因单独取出来，再通过生物技术转出去，相比传统育种方式更可控、更高效。专家指出，在过去的所有的育种方式中，植物 DNA 所发生的变化都是随机的，我们掌控不了。如今有了生物技术，转基因的过程开始变得精确、可控。

在生物工程学界，转基因技术的应用被视作技术的改善而非新技术的创造；在全球对转基因态度最为积极的美国，转基因技术的高速发展已在一些组织的抗议声中成为既成事实。据美国伊利诺伊玉米协会的数据，该州约八成玉米为转基因玉米。对于美国农民来说，转基因和非转基因的差别基本等同于先进技术与陈旧技术的差别。由于转基因品种在抗虫、抗除草剂方面的突出优势，在美国农业大州伊利诺伊，非转基因大豆和玉米正逐渐被转基因品种淘汰。伊利诺伊州年玉米产量约为 5 万吨，其中约 8 成是转基因品种。这 5 万吨玉米一半供出口，一半供美国国内使用。而大豆 98%、99% 都是转基因的。

中国人民大学农业与农村发展学院周立副教授曾发表一篇文章称，粮食问题历来都不是单纯的。至少，粮食是战略品，在邦国征战中，粮食历来扮演着重要的角色。

文章称，美国可能是当前世界上唯一一个制定了将粮食、能源、金融、军事、外交、价值观宣传等捆绑在一起的全球战略，并有能力实施的国家。以粮食为例，至少有五种战略手段，使得粮食成为一种武器。我们知道，美国的耕地条件、就业结构、资本条件和能源条件的配合，使得美国储备了大量的粮食过剩产能和过剩产品，这都需要释放。在过去，美国主要利用粮食援助、粮食贸易自由化、粮食补贴这三种手段，运用国家战略，加强粮食体系的控制力，并消化其过剩产能。如今，美国又掌握了生物能源（第四种手段）这一进可攻、退可守的致命武器，在控制粮食价格上更加游刃有余了。

周立认为，转基因技术在 10 多年的发展过程中，开始变成第五种战略手段，使得极少数有能力实施进攻性粮食战略的国家，又掌握了更为致命的技术手段，甚至是生物武器。通过类似微软视窗的平台垄断和捆绑销售，它们不仅实现了巨额的经济利益，而且掌握了战略的主动权，控制了游戏规则的制定权。这是转基因技术的后发国家无法具备的，其中道理与实施核计划、进行核威胁类似。

美国的全球粮食战略可以追溯到20世纪30年代末，其是美国少数商业资本、金融资本和政治资本相结合，谋求世界霸权计划的一部分，这个战略计划被五角大楼称为“全方位优势”（FSD）。他们认为，粮食和石油一样，都是美国谋求世界霸权地位的重要战略资源。“粮食政治化”使粮食成为国际政治硬实力的一项标志。从20世纪50年代开始，美国就着手重塑粮食政策和世界粮食结构，从“取消世界粮食储备制度”到“农业商业化”，从“绿色革命”再到“第二次绿色革命——转基因革命”和“生物燃料计划”，不断使用新技术逐步控制世界粮食生产和贸易。在粮食商品化和粮食政治化的相互作用下，现在已经有不少国家由于引入美国的现代农业技术、转基因种子和化学肥料，走上了依赖美国的不可逆的进程。

巴西目前是世界上最大的大豆生产国和出口国，大豆种植面积约2800万公顷，其中近90%种植转基因大豆。除大豆、玉米、棉花外，巴西还有29种农作物的生产采取了转基因技术。依靠转基因技术的快速推广，巴西得以大幅提高农业生产率和产量，并有可能在未来10年内超越美国，成为世界粮食产量最高的国家。巴西农业部新闻中心负责人卡洛斯·莫塔表示，巴西转基因大豆的主要出口国是中国，还出口欧盟、泰国及韩国等国家和地区。巴西农牧业联合会主席卡蒂娅·阿布雷乌表示，中国市场在过去3年内飞速增长，成为巴西农产品出口的主要目的地。2012年中国至少有25%的农产品来自巴西，仅2012年就有价

□ 世界转基因作物种植十大国家

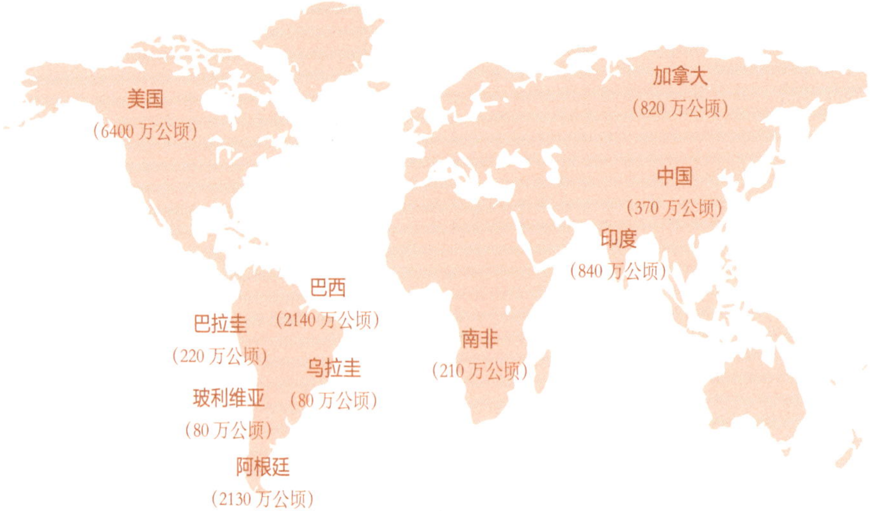

图表说明：据国际农业生物技术应用服务局（ISAAA）2010 年 2 月下旬发布的“2009 年全球商业化转基因作物状况”报告，前 10 位国家按照转基因种植面积排序。

值 180 亿美元的巴西农产品出口到中国。下一个 10 年两国贸易还将继续升温。

根据 ISAAA 公布的数据，2011 年巴西转基因作物的种植面积增长了 20%，达 3030 万公顷。这表明该国的农业增产日益依赖于转基因技术。2013 年 6 月 10 日，路透社报道称，巴西农业部表示中国批准了该国三种转基因大豆进口。在得到中国政府的许可后，巴西从 2013 年 9 月的播种季节开始大规模种植这三种大豆。

中国农业部拟有计划地推进转基因产业化的新闻引起社会广泛关注。不久前，《环球时报》发表的《八问主粮转基因》一文，抓住了问题的要害。转基因问题已不是一般的技术问题和一般的学术问题，而是事关中国 13 亿人的粮食安全、生态安全和国家安全的重大问题。

中国政策科学研究会国家安全政策委员会2013年9月29日在北京召开再论转基因与国家安全研讨会，来自中国农业科学院、军事科学院、国防大学、航天科技集团、西南财经大学等单位的专家学者就当前中国转基因问题的性质、形势、管理进行了深入的研讨。

与会专家通过统计的数据阐述，20年来种植转基因作物的历史证明，迄今为止没有任何一项转基因作物是增产的，更谈不上高产，没有任何一个科学家能保证搞出来一个“增产基因”。转基因也不能解决虫害。目前转基因作物只有防螟虫的作用，不能防其他虫害。而防螟虫转基因作物的防虫毒性会随作物扩散，使作物带有毒性。

与会专家还分别举例说明，目前各国对转基因采取了十分慎重的态度。转基因搞得最早、技术最为先进的美国，虽然种植转基因作物，但小麦这个主粮是严守不搞转基因的红线的。美国种植的非主粮转基因作物主要用于出口、工业燃料和动物饲料。2013年7月，意大利政府签署行政令，禁止种植转基因玉米，意大利专家认为，转基因农作物破坏生态环境和生物多样性，而这两点正是意大利农业赖以生存的基础。2013年8月2日，法国总统声明，将继续强化法国抵制和禁止商业化种植转基因玉米的法规措施。而肯尼亚的总统表示，肯尼亚人宁可饿死，也不吃转基因食物。

与会专家特别指出，与国外相比，在转基因问题上，当前中国面临的形势十分严峻。经过10年经营，国外转基因公司通过资金赞助、合作研究、聘请顾问、培养专业人才等各种方式，目前业已完成在中国的转基因布局。转基因安全管理存在重大漏洞，如“黄金大米”；出口欧盟大米被检出有转基因成分达百余次，却无法说清原因；没有被批准的转基因作物在中国出现；种植范围扩大，产量超出规定。有专家甚至指出，个别公职人员、科研人员与外国转基因企业存在利益关联。

与会专家一致认为，习近平主席最近关于“中国的粮食安全要靠自己”“我们自己的饭碗主要要装自己生产的粮食”的指示非常重要，是实现“中国梦”的基础。13 亿中国人的吃饭及其安全问题，要靠一大批袁隆平式的中国农业科学家的聪明才智解决。

与会专家建议，成立由多领域专家组成的国家独立调查组，对涉及转基因问题的所有方面，包括技术安全性、审批、管理及相关外国企业在国内的经营与运作进行全面调查研究；从人民安全、粮食安全等角度调查研究；通过长期实验验证转基因食品的安全性；可以吸收国际上对转基因安全方面的研究成果，验证其可靠性；尽快在国家层面对转基因进行立法等。

社保改革向公平可持续全面迈进

中共十八届三中全会《中共中央关于全面深化改革若干重大问题的决定》（以下简称《决定》）第45条专门阐述了社会保障制度改革，提出“建立更加公平可持续的社会保障制度”，从多方面对社保改革作出部署。人社部社会保障研究所所长金维刚指出，养老金的统筹、养老制度的并轨、社保缴费费率的调整、退休年龄的延迟以及社会保障基金的补充将成为改革中的五个重要“棋子”。《决定》明确要求实现基础养老金全国统筹，首次提出了养老金精算平衡的原则；另外还首次提出适时适当降低社会保险费率，首次明确表示要研究制定渐进式延迟退休年龄政策等。专家认为，《决定》规划的社保改革路线图若能够得以实现，中国社会保障将呈现以公平性、可持续性和流动性为特征的新格局。

机关事业单位与企业养老制度逐渐并轨

对于备受关注的机关事业单位和企业职工养老待遇差距问题，《决定》仍然延续“推进机关事业单位养老保险制度改革”的提法。金维刚表示，十八届三中全会决定推进机关事业单位养老保险制度改革，这对于深化中国养老保险制度改革具有重大意义，体现了中央对机关事业单位养老保险制度改革问题的高度重视和坚强决心，这将有利于从根本上解决社会反映强烈的“双轨制”问题。

就在十八届三中全会召开前不久，人社部牵头于2013年10月15日至16日在北京召开了养老保险制度顶层设计研讨会，就已初步成型的多个设计方案进行讨论和评议。此前，中国社会科学院、国务院发展研究中心、中国人民大学、浙江大学四家受人社部委托，分头制订了养老保险制度顶层设计方案。分析人士指出，根据顶层设计方案，城镇职工和事业单位人员两套社保体系有望在制度层面“趋同”。

现有模式：多轨制下待遇差距悬殊

由于改革进程不同步等原因，目前中国总体上存在两种养老金制度，即非缴费型与缴费型。两种养老模式的覆盖人群与职业、身份直接相关，且差距较大，因而受到公众的抨击，被认为是严重不公平的“退休双轨制”。

“所谓非缴费型的养老金制度，就是在我国中央及省级机关单位仍存在的退休制度，覆盖人群大概有1000万人。”中央财经大学中国社会保障研究中心主任褚福灵介绍，退休制度并不是一种社会保障，而是

□ 养老金“双轨制”三个不同

资料来源：人民网“人民视点”第112期

单位保障。退休工资与工龄有关，也跟单位可负担程度有关，与社会统筹无关。

而缴费型养老金制度，则是按照《社会保险法》规定的需要个人参与缴费的保险制度。其中由于缴费主体、费率和具体操作形式的不同，又分为针对企业职工和城镇居民、农民的两种不同模式。

据褚福灵介绍，企业养老保险是单位与个人都应按比例参与缴费（大部分省份是社平工资的20%缴纳，个人8%，企业12%），且必须满15

年，之后企业职工可以按月支取养老金。而城镇居民或农民由于个人缴费很少，政府有补贴，到时领取的基础养老金数额较低，所以也可以看作另一种不彻底的养老金模式。

如果将两种制度下的养老金水平做比较，待遇差距成为最受诟病之处。来自人社部方面的最新数据显示，目前机关和事业单位的人均养老金水平分别是企业职工的 2.1 倍和 1.8 倍。另据测算，公务员和部分事业单位人员养老金替代率（即养老金相对于在职期间工资收入的比例）高达 80% 至 90%，而城镇职工养老金替代率仅在 40% 左右。至于城乡居民，基础养老金水平更低。

有业内专家对此表示，养老金“双轨制”的说法并不确切，在实际中已经逐渐演变为多轨制。近年一个显著变化是，机关与事业单位的养老差距也在逐渐拉开。在很多省份，机关和事业单位是按照不同比例调整的，这又进一步引起事业单位人群的不满。

2008 年，国务院印发了由劳动保障部、财政部、人事部三部门制订的《事业单位工作人员养老保险制度改革试点方案》，先行在山西、上海、浙江、广东和重庆五省市启动试点。这是中国首个有关公职人员养老保险制度改革的统一方案。但由于担心养老待遇大幅下降，因而遭到事业单位人员的广泛抵触。

据了解，《事业单位工作人员养老保险制度改革试点方案》对事业单位退休人员采用“向下并轨”的方式，拉大了事业单位人员和公务员之间的待遇差距，造成新的矛盾。“比如，一听说养老金改革，不少大学老师申请提前退休，制度倒逼人做出不合理的选择。”中国社科院世界社会保障中心副秘书长齐传钧说。

专栏

养老并轨试点五年仍然无甚进展

从《事业单位工作人员养老保险制度改革试点方案》公布之日算起，有关养老金并轨改革，推进时间已经超过5年半。

2008年2月底，国务院常务会议讨论并原则通过了上述方案，确定在山西、上海、浙江、广东、重庆5省市先期开展试点。但近期新华社记者回访发现，“多数纹丝未动，只有广东开始‘破冰’”。

报道称，浙江事业单位养老保险制度改革“还没开始做，还处于思考当中”；上海养老试点的推进目前尚无实质性突破；山西许多个企事业单位仍然沿用老的养老金制度，并没有与并轨有关的改革迹象出现；重庆虽然开展了统计事业单位员工总人数、了解工资水平等“摸情况”的基础性工作，但严格来讲，改革没有取得任何实质性的进展；广东则进行了“半吊子改革”，事业单位干部职工与普通企业职工一样，按月缴纳养老保险费，但退休时，待遇依旧按原有标准执行。

资料来源：综合人民网2013年11月4日及16日报道

改革方向：分步取消“双轨制”

人社部新闻发言人尹成基曾强调，中央对于推进机关事业单位养老保险制度改革方向明确。目前城镇职工养老保险参保人群中，有2153万机关事业单位员工，也就是说，已经考虑到要在机关事业单位建立养老保险制度。尹成基表示，将在总结试点经验的基础上完善原有方案和政策，进而全面推进公职人员养老保险制度改革。

人社部副部长胡晓义也表示，养老金双轨制“并轨”的大方向是明确的。实际的推进，要考虑两方面情况：一方面，机关事业单位现行退休养老制度已实行60多年，从以往的经验看，对这类“老制度”进行彻底改革，必须是循序渐进的，只有这样才能实现制度的平稳过渡，减少社会震荡。另一方面，城镇企业职工养老保险制度本身也需要继续改革完善。所以，所谓“并轨”并不是简单地把机关事业单位退休制度“并入”企业养老保险制度，而是朝着一个共同的方向改革和推进，最终取消“双轨制”。

人民日报曾发表评论认为，这个“共同的方向”应该是整个社会养老保障水平的提高，降低那些严重冲击社会底线的畸高保障，也提高那些有失公平的低水平保障。养老制度改革呼唤足够完备的顶层设计，改革过程必须做到协调统一。

“现在养老保险顶层设计是有两条路可走的。一条路就是只解决机关事业单位和企业，把企业的提高一点，机关的先不动，还保留这个大双轨制。这是一个小步走。另一个方案是大步走，将中国的养老金分为整个国民基础养老金、个人账户，把这个规划做出来，然后再分步实施。”清华大学养老改革体制方案的主要参与者之一、清华大学就业与社会保障研究中心主任杨燕绥说，“国民基础养老金解决吃饭，个人账户解决改善，大家也觉得公平了，但是现在可能比较困难，只能迈一小步。”

中国社会科学院社会政策研究中心秘书长唐钧也认为，简单的并轨并不能解决企业职工养老金偏低的问题。把机关企事业单位的养老金往下拉行不行？事业单位有3000多万教师、1000万医护人员，将他们的养老金下拉，这显然是不可接受的。所以我们的目标是要将企业职工的养老金往上提，而不是将其他人的养老金往下拉。目前养老金改革要么小改，就是将企业退休人员的养老金上涨，不动其他制度。如果要大改，就要将中国的养老金分为两部分，一是基本养老金，追求公平，大家都以中华人民共和国公民的身份交养老金，根据自己收入按一定比例来交。领养老金的时候，从国家领导人到普通人都在一定的水平上领基本养老金，随着物价上涨每年调整，能够保障基本生活需求；二是补充养老金，跟效益挂钩，即收入多就可以多缴，将来可以多得，这应该由市场操纵。

还有专家提出“新人新办法，老人老办法”的改革方案。比如中国社科院世界社会保障中心副秘书长齐传钧提出，从2013年改起，机关事业单位新人加入城镇职工养老保险，国家有一定的补偿，建立职业年金。

“现在试点，机关和事业单位应当同步改革，同步推进，否则的话改不动。”褚福灵表示，“改革利益得相对均衡，或者说不能在改革过程中又拉大了差距，否则阻力肯定会很大。”褚福灵指出，对养老金双轨制改革这个问题还得达成共识，不能并轨很快，并得太快会出问题。据悉人社部将在适当的时候广泛征求社会各界的意见，方案成熟后，所涉及的各项改革举措将逐步实施。

城乡居民社会保障要“一视同仁”

中共十八大报告提出“全面建成覆盖城乡居民的社会保障体系”。十八届三中全会《决定》进一步指出，整合城乡居民基本养老保险制度、基本医疗保险制度，推进城乡最低生活保障制度统筹发展。

目前，中国已建立了包括城镇企业职工养老保险（简称“职保”）、新型农村社会养老保险（简称“新农保”）和城镇居民社会养老保险（简称“城居保”）三种制度在内的城乡基本养老保险制度。类似的，医疗保险制度体系也包括城镇职工医疗保险、城镇居民医疗保险和新型农村合作医疗三种制度。

据人社部透露，全国所有县级行政区全部开展新型农村和城镇居民社会养老保险工作，养老保险制度已基本实现全覆盖。截至2013年10月，职工和城乡居民养老保险人数合计8.06亿人。另据《人民日报》报道，到2012年底，基本医保参保人数超过13.4亿，基本医保覆盖面稳定在95%以上。

中国社科院世界社保研究中心主任郑秉文表示，这两项社会保险具有低起步的特点，从政府财政力量来说，难度不大，但意义非凡。在全国范围内建立起这两项制度，将标志着中国覆盖城乡居民社会保障体系的主要制度都建立起来。

养老、医疗保险城乡衔接转换通道亟待打通

据统计，目前中国新型农村社会养老保险的养老金中位数为每年720元，城镇及其他居民养老保险的养老金中位数为每年1200元，前者仅及后者的60%。中国能够靠离、退休金作为主要养老方式的老年人仅占24%，而靠家庭其他成员供养仍占40.7%。更大的差别在于城市和农村，城市靠离退休金占了2/3，而农村只有4.6%。

在医疗保障方面，中国社科院发布的《2012年社会保障绿皮书》及《中国社会保障收入再分配状况调查》显示，2010年职工基本医疗保险制度的筹资水平是人均1331.61元，新型农村合作医疗的人均筹资为126.24元，前者是后者的10倍以上。

中国社科院世界社会保障中心副秘书长齐传钧指出，新农保与城镇职工养老保险制度应该衔接，否则严重影响劳动力在全国的合理流动。

□ 中国现行三大养老保险体制

城镇

职工基本养老保险

【缴纳比例】：企业缴20%，职工缴8%
【账户管理】：社会统筹与个人账户相结合
【领取条件】：企业职工达到法定退休年龄（男性职工60周岁，女性干部55周岁，女性工人50周岁）且个人缴费满15年的，退休后可以按月领取基本养老金
【覆盖范围】：截至2011年底，全国参保人数2 .8亿人

居民社会养老保险

【实施时间】：2011年7月试点，2012年实现全覆盖
【参保范围】：年满16周岁（不含在校学生）、不符合职工基本养老保险参保条件的城镇非从业居民，可在户籍地自愿参保
【缴费方式】：居民缴费、政府补贴
【享受待遇】：参保居民年满60周岁可按月领取养老金。已年满60周岁、符合规定条件的城镇居民，不用缴费，可按月领取基础养老金
【覆盖范围】：截至2012年10月底，城乡居民社会养老保险参保人数达到4.59亿，其中1.25亿城乡老年居民领取养老金

农村

新型社会养老保险

【实施时间】：2009年试点，2020年前实现全覆盖
【参保范围】：年满16周岁（不含在校学生）、未参加城镇职工基本养老保险的农村居民，可在户籍地自愿参保
【缴费方式】：新农保基金由个人缴费、集体补助、政府补贴构成
【领取条件】：年满60周岁、未享受城镇职工基本养老保险待遇的农村有户籍的老年人，可以按月领取养老金
【覆盖范围】：截至2011年底，全国共计3.58亿人参加新农保

资料来源：新浪网 2013 年 3 月 26 日

如果劳动力在市场配置受阻，也会制约经济领域改革进程。对外经济贸易大学劳动与社会保障系主任李长安表示，尽快实现城乡居民的养老保险并轨，是目前乃至未来中国养老保险制度改革最重要的任务和关键点。每年有上千万的农民进入城市，如何实现新农保与城镇职工养老保险的

转移接续，是当前面临的一项重要任务。这不仅是新型城镇化战略的客观需要，也是实现社会保障制度最大公平的必要之举。

目前中国城镇职工基本医疗保险和城镇居民基本医疗保险由社会保障部门主管，新农合由卫生部门主管，三者筹资渠道不同，报销比例不一，报销目录也不一样。其中，城镇职工筹资额度较大、保障能力较强；新农合覆盖人群最广，保障能力偏弱，是基本医疗保障体系中的薄弱环节。吉林大学经济学院教授杜婕认为，分割管理的体制造成政策衔接难、工作协调难、并网连接难，在很大程度上成为医疗保障体系建设发展的桎梏。这种局面不但会增加管理成本，降低管理效率，并将固化城乡二元结构，对实现公平正义、促进社会和谐等势必造成负面影响。

整合制度碎片，推进制度融合

按照十八大提出的“全覆盖、保基本、多层次、可持续”方针，社会保障制度改革顶层设计的重点是保证可持续性，增强公平性，适应流动性。

目前，随着城镇化进程的加快，三种保险重复参保率也一直在增加。为此，一些针对现行社保“碎片化”的制度设计正加紧制定。2012年11月，人社部就《城乡养老保险制度衔接暂行办法》征求民意，拟规定参加职保、新农保、城居保两种或两种以上人员，可衔接转换养老保险。其中“职保缴满15年，可从新农保或城居保转入职保”等新做法，透露出制度融合的趋势。

人社部部长尹蔚民2013年年初在《求是》上刊发文章，提出了“将新农保和城镇居民养老保险整合为城乡居民基本养老保险制度”的改革方向。改革将缩小各种养老模式的差距。十八届三中全会召开前不久，人社部表示，将完善新农保和城居保政策，推进城乡统筹、制度合并实施，强化参保激励，实施职工与城乡居民养老保险衔接政策。

实际上，近年来，在积极推进城乡一体化发展的大背景下，一些地方已经在探索建立统一的城乡居民养老保险制度。2008 年年底，北京市出台《北京市城乡居民养老保险办法》，打破过去市民养老保障按城镇和农村分类的两线格局，自 2009 年 1 月 1 日起，正式实施城乡统一的居民养老保险制度，实行统一的缴费标准、统一的保险待遇、统一的衔接办法、统一的基金管理等。此举走在了全国各地前面。

2012 年 7 月 1 日起，河北省新型农村社会养老保险和城镇居民社会养老保险制度合并实施，并轨后城乡居民参保缴费标准一致、养老待遇一致，统称为“河北省城乡居民社会养老保险”。

进入 2013 年，东部省市统一城乡居民养老保险制度的步伐大大加快，先后有天津、福建、广东、山东、江苏等多个省市出台文件，推进城乡居民养老保险并轨。

相比城乡养老保险并轨的进程，城乡医疗保险并轨显得较为缓慢，据监测，目前省级层面只有天津市和青海省实现了统一，其他省区市或未启动并轨，或只在地市、区县层面进行试点。

2009 年，天津市出台《天津市城乡居民基本医疗保险规定》及其实施细则，规定自 2010 年起城镇居民和农村居民在参保范围、个人缴费、政府补贴和待遇享受上实行统一制度，也就是整合了城镇居民医保和新农合制度，在全国率先实现了城乡医保制度的一体化。

2013 年 6 月 1 日起，青海省将新农合和城镇居民医保人均筹资标准由 380 元—420 元统一提高到 470 元。该省将新农合基金和城镇居民医保基金统一为城乡居民医保基金，并将其划分为个人账户、统筹基金和大病医疗保险基金三个部分。其中统筹基金包括门诊统筹基金和住院统筹基金，可以和大病医疗保险基金统筹使用。原城镇居民医保、新农合风险基金纳入统筹基金中。并轨后的城乡居民医保由社保部门统一管理。

其他地方：2013 年 5 月 1 日，安徽省铜陵市城乡医保结算系统上线运行，标志着城乡居民从缴费到待遇享受将真正实现同城同待遇，该市城乡居民医保顺利并轨，并实行个人自付费用二次补偿，实际补偿比率不低于个人自付费用的 50%。2013 年 1 月 1 日起，江苏省苏州市农村居民养老保险、医疗保险与城市居民实现并轨。加上此前已经完成的城乡“低保”并轨，苏州在江苏省率先建成一个覆盖全民、城乡一体的社保体系，也意味着 300 多万苏州农民在社保制度上真正开始享受“市民待遇”。也是在 2013 年 1 月 1 日，山东东营率先试水新型农村合作医疗保险（新农合）和城镇居民医疗保险（城居保）合并，成为山东省第一个在市级层面实现城乡医保一体化的地市，此后淄博和威海两地相继筹备试点城乡医保并轨。2011 年 9 月，河南省济源市将城镇居民医保、新农合进一步进行整合，在河南省率先开始实施城乡居民统一医疗保险制度。

东北师范大学商学院教授韩俊江指出，城乡医保整合各试点地区已经形成三条经验可供借鉴：其一，若“三保合一”条件不够成熟，可先探讨“两保合一”，即先将城镇居民医保和新农合进行整合；其二，经济欠发达地区亦可有所作为，比如通过“一制多档”等制度设计，可在政府不增加太多投入的情况下使参保人员得到更多自主选择权；其三，对于暂时不具备城乡统筹条件的地区，可探索通过大病救助、引入商业保险等方式提高参保人员，特别是农民的保障水平，缩小城乡差距。

但业内分析人士指出，新农合与城镇居民医保主要依赖各级财政筹资，其可持续性并不确定，同时难以摆脱地域的限制，仅此两者合并并不能完全实现医疗保障的公平化目标。未来的方向应该是，医保与户籍脱钩，使农村人口享有与城市居民同等的医疗保障待遇。同时，对老人、未成年人和低收入者的医保，则应将统筹层次提高至省级或全国层次，事权与财权匹配，由中央财政承担更大的责任。

江苏省医疗保险基金管理中心主任胡大洋认为，城乡医保统一要得到实质性推进，还需破解三道难题。首先，要完善顶层设计。现在虽然已有多个地区率先进行了城乡统筹的探索实践，但由于没有国家层面的指导意见，致使地方在推进过程中遇到重重阻力。建议国家在充分调研的基础上，通盘考虑统筹城乡医保体系，明确提出制度建设的基本要求，以便地方贯彻执行，破解制度壁垒所造成的险种间衔接难题。其次，要明确实行城乡一体化的管理体制改革，实现医疗保险的归口管理。应抓紧研究整合管理资源、理顺医疗保障管理体制等的措施，将目前分散于多个部门的城乡基本医疗保障工作，明确由一个部门统一管理。最后，实行公共财政支出均等化改革，实现公共财政投入的普遍性、公平性。只有不断提高财政对农村居民的补助水平，提高农村居民的医疗待遇，优化农村医疗卫生资源，才能加快推进城乡医疗保险一体化建设。因此，有关部门要通过立法确保财政对医疗保障支出的长效机制，确立医疗保障支出在财政支出中的比重，并尽快形成针对医疗保障制度的稳定长效的财政预算增长机制。

实现基础养老金全国统筹，完善社保跨省转移接续

十八届三中全会提出，必须加快形成……商品和要素自由流动、

平等交换的现代市场体系。而中国正在建设中的社会保障体系面临两大突出问题：因身份不同导致社保福利差距、区域壁垒导致社会保险转移接续困难，尤其是后者，已经阻碍了对经济发展至关重要的劳动力要素流动。

社保跨省转移接续通道不畅

近年来，因为转移接续不畅，深圳等地曾经出现过“退保潮”，即离开城市的农民工集中退出社会保险。不少农民工情愿不要社会保险，原因是农民工流动性较强，很难在某一个城市干满 15 年。他们担心离开后养老保险拿不到带不走，反而吃亏。

据报道，2013 年 10 月底，国务院总理李克强在中国工会第十六次全国代表大会上表示，中国大概有 3 亿多人参加了城镇职工养老保险，2013 年有累计 3800 万人中断缴保险。而此前的 9 月，在 2013 中国养老金国际研讨会上，中国人民大学公共管理学院教授李珍也曾指出，在人社部做的一项调查中，有 23% 的工作人口中断了缴费。

中国人保研究员崔鹏表示，中断缴纳社保主要集中在三类人群：一是下岗失业人员，这类人群大都属于被动中断；二是小微企业员工，企业为了降低成本不给员工缴纳社保；三是流动性比较大的务工人员。

2009 年年底，人力资源和社会保障部先后出台了《城镇企业职工基本养老保险关系转移接续暂行办法》和《流动就业人员基本医疗保障关系转移接续暂行办法》。根据前一规定，自 2010 年 1 月 1 日起，基本养老保险关系可以随就业者跨省转移接续，只要参保人员提出申请，由原参保地社保经办机构出具参保缴费凭证，就可以实现跨地区转移接续。为了提高转入地的积极性，在转出个人账户的同时，还转出部分统筹资金。

相对于养老保险，医疗保险的转移接续更迫切，因为医保是每个人随时随地都可能要用的。特别是流动性大的农民工群体，如有的农民工参加所在地农村医疗保险，在城里生了病就不能享受相应报销，昂贵的医疗费用很容易造成病情耽搁。根据人社部发布的医保转移接续办法，自 2010 年 7 月 1 日起，流动人员跨省就业时可以转移自己的医保关系，个人账户可以跟随转移划转。除医保关系可跨省转移之外，随参保人身份的变化，城镇企业职工基本医疗保险、城镇居民基本医疗保险、新型农村合作医疗三种不同类型的医疗保险关系也可互相转移。进城打工的农民工，可在就业地参加当地的职工基本医疗保险，回农村可带回，转为新型农村合作医疗保险，而且不会中断。

虽然养老和医疗保险跨省转移接续办法已出台多年，但由于实施细则至今尚未出台，特别是在目前各省区市社会保障水平相差很大的情况下，跨省转移接续在具体实施中仍有不少困难。由于中国地区之间经济社会发展很不平衡，收入水平也很不一样，即使是按照同一费率和比例计算的缴费以及支付水平，在地区之间的差异也很大。所以衔接地区之间的利益关系难度也很大。

与养老保险相比，医疗保险因为没有转移统筹资金的规定，转移接续更加困难。人力资源和社会保障部社会保障研究所最近完成的一项研究报告显示，全国办理职工医保关系转入的人数是办理关系转出人数的 72.4%；在农民工群体中，办理医保关系转入的人数是办理转出人数的 50%。这说明农民工在转移医保关系上的难度更大。

中国社科院社会政策研究中心秘书长唐钧表示，现在对社保制度进行整合，在技术上没有问题，在政策方面也已经相当明确，真正的难点，恐怕就在于利益调整，涉及地区利益、群体利益以及中央和地方的利益。

全国统筹条件已经具备

继十八大提出“实现基础养老金全国统筹”之后，十八届三中全会进一步明确了这一要求。专家认为，这将是中国养老保险制度改革的重要一步。

目前，中国的社保金难以真正实现“异地漫游”，关键在于社保统筹层次低，以及保险的“碎片化”。由于统筹层次低，不同区域之间社保的转移接续难度很大，这不仅影响投保积极性，也阻碍了劳动力自由流动的障碍，增加了建立统一社保体系的难度。

中国人民大学社会保障研究中心主任郑功成表示，只有在全国统筹的条件下，才能实现劳动者无论流动到什么地方，其养老保险关系自动接续，包括缴费年限的接续，包括逐年的基金积累，都会得到保障。

南京大学政府管理学院副院长林闽钢认为，实现基础养老金全国统筹有四大好处：第一，可以结束养老金统筹层次较低的局面。虽然2010年国家基本上实现了养老金省级统筹，但各个地方主要采取预算管理的方式，只有少数地方实现了完整意义上的省内统筹。全国统筹意味着中央要负责基础养老金的收支平衡。第二，能加强地区之间养老金的调剂和管理。目前，各地养老金结余情况不同，养老金收不抵支的地区，每年需要财政大量转移支付确保发放，而有大量基金结存的地区，也不能实现全国范围的调剂和统一管理。统筹层次提高到全国，才能实现在全国范围内统筹调剂。第三，进一步理清养老保险的责任。

目前，尽管中国职工养老保险基本实现省级统筹，但中央和地方政府的养老保险责任尚未理清。各地基金的缺口主要依靠上级财政转移支付解决，事实上形成了企业依赖政府、地方依赖中央的格局。基础养老金全国统筹，可以理清中央和地方在养老保险中的事权和财权、责任和义务。第四，迈出养老保险制度改革的关键一步，从养老保险制度发展来看，完成基础养老金全国统筹，是实施养老金投资运营、机关事业单位养老保险并轨改革的关键一步。从长远来看，有利于探索基础养老金覆盖全体国民，符合中国国情，有利于养老保险事业长期可持续发展的统筹模式。

人社部社会保障研究所所长金维刚表示，实行基础养老金全国统筹的目的，是在全国各地区实现职工基本养老保险政策的基本统一，并根本解决跨地区流动就业人员的养老保险关系转移及其权益保障问题；同时，可以进一步扩大养老保险基金调剂范围，逐步改变各地区养老保险基金收支与结余不均衡的状况，提高基金承受能力和资金使用效率，也有利于促进养老保险制度的公平。随着省级统筹的完善，全国统筹的条件已经具备。

渐进式延迟退休年龄或“小步慢走”

对于“延迟退休”这一养老保险改革中争议最大的问题之一，十八届三中全会《决定》首次定调：研究制定渐进式延迟退休年龄政策。这也是近年来中央首次明确表示要研究制定渐进式延迟退休年龄政策。

人社部：延退有必要提上日程，并非仅仅为了缓解养老金缺口

目前民间舆论对延迟退休一个较为普遍的看法是，此举的主要目的是为了推迟领取养老金年龄，增加缴费总量，以缓解养老金整体缺口。中国社科院世界社保研究中心发布的《中国养老金发展报告2012》显示，截至2011年12月底，中国城镇职工基本养老保险个人账户记账金额约为2.5万亿元，但实际上账户里做实的仅有2703亿元，个人账户“空账”已超两万亿。

延退的反对者认为，不能为了弥补亏空，强迫人们晚退休、多交钱。中国社会科学院社会政策研究中心秘书长唐钧认为，亏空应该靠政府财政拨款来弥补，须与延退的政策目的切割开来。他指出，现在常说养老保险有缺口，意指单位和个人缴费不够发养老金，其实是将社会保险看

□ **2003—2012年全国企业职工基本养老保险基金累计结余**（亿元）

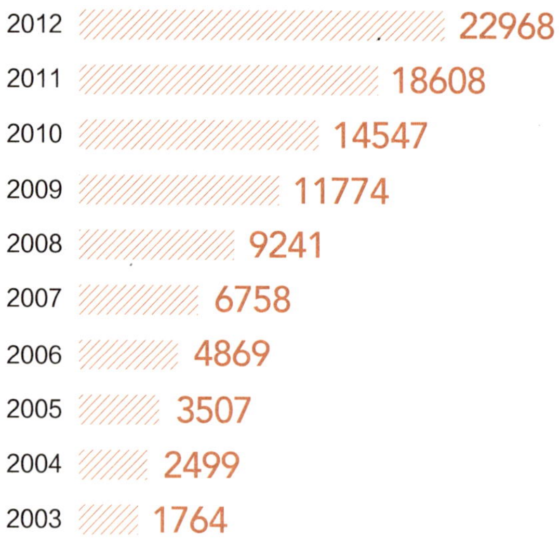

资料来源：《人民日报》2013年11月27日

做商业保险了。社会保险法规定，养老保险的资金来源于三方面：单位缴费、个人缴费和财政补贴。老龄化趋势下，交社会保险的人越来越少、领保险的人越来越多，所以单纯靠缴费不够，还需要财政补贴以及其他很多手段。《决定》里也说，国有资产收益要拿来补这一块。应该说，养老保险基金并没有像很多人认为的那样支持不下去，至少5年到10年内不会出现问题。所以，延迟退休对中国并无实际意义。

也有专家不同意延退是为了弥补亏空的看法。中央财经大学中国社会保障研究中心主任褚福灵强调，中国如果实行延退，出发点不是弥补亏空，而是适应人均寿命延长的现实。养老保险有一个内在的逻辑，即缴费年限和领取年限要有一个比例。如果交两年领一年，或交一年领一年，这个制度很难持续。

第六次全国人口普查数据显示，2010年中国人口平均预期寿命达74.83岁。依此计算，如果男性在60岁退休并开始领取养老金，平均可领取15年，而如果此前缴费时间是按最低年限的15年，那么平均领取

□ 2003年、2012年企业职工基本养老保险情况对比

项目	2003	2012	年均增长(2003—2012)
参保总人数（万人）	13881	28272	8.20%
参保职工人数（万人）	10324	21361	8.40%
离退休人员（万人）	3557	6911	7.70%
抚养比	2.90	3.09	0.70%
总收入（亿元）	3209	18363	21.40%
财政补助（亿元）	544	2430	18.10%
总支出（亿元）	2716	14009	20%
累计结余（亿元）	1764	22968	33%

资料来源：《人民日报》2013年11月27日

比例正是褚福灵认为不可持续的“交一年领一年”，女性则还要更短。

“我们的退休年龄在世界范围内来看已经相对偏低，因此要提高。内在的制度可持续逻辑就是，缴费年限和领取年限要有一个合理的比例。”他认为，这个合理比例应是交三到四年领一年。

究竟最科学的比例是什么，尚无定论。但很多专家普遍认同，这不是一个单纯的专业问题，而是政策问题，涉及养老金、劳动力供给、公共服务水平等众多方面。

对于为什么要延迟退休年龄，人力资源和社会保障部副部长胡晓义回应称，中国人口老龄化正加速到来，养老保险基金确实负担沉重。三中全会提出要“研究制定渐进式延迟退休年龄政策”，并不仅仅是从养老金缺口考虑提出的政策。退休年龄是一项重大社会经济政策，其确定和调整，与人民健康水平、人口结构及变化趋势、就业形势、劳动条件、人力资源合理利用诸多因素直接相关，与产业结构及人力资源的分布状态也密切相关。从中国经济社会的发展阶段看，确有必要将研究延迟退休年龄问题提上日程。

发达国家延迟退休是为增加劳动力

中国社会科学院社会政策研究中心秘书长唐钧介绍，发达国家从20世纪90年代开始实施延迟退休，但并非因为养老金问题，而是因为社会老龄化。这其实是两方面促成的，一是人的寿命越来越长，老年人越来越多；二是人口出生率下降，新生劳动力越来越少。所有的发达国家都面临这样的问题。主要发达国家人口多为几千万，少的不过几百万，美国是发达国家中人口最多的，达3亿，但也只相当于中国的零头。一

□ 2012年全国社保基金收支表（亿元）

项目	总收入	增幅	总支出	增幅	当年结余	总结余
全国社会保险基金	31411	22%	23931	27%	7480	37540
企业职工基本养老保险基金	18300	19%	13948	22%	4351	22694
失业保险基金	1139	23%	450	4%	689	2930
城镇职工基本医疗保险基金	5909	24%	4726	22%	1183	6682
工伤保险基金	506	13%	387	43%	119	844
生育保险基金	299	39%	213	56%	86	419
居民社会养老保险基金	1996	49%	1212	76%	784	2360
居民基本医疗保险基金	3262	25%	2994	45%	268	1611

资料来源：财新网2013年11月28日

个小的国家，老年人增多，劳动年龄人口减少，马上捉襟见肘。最早提出延迟退休年龄的动议，其实就是为了增加劳动力供给。而中国情况不同，中国还有总量性失业，即劳动力太多，怎么安排也有失业。

由中华全国总工会、国家人社部、武汉大学等部门和高校联合完成的《中国社会保障改革与发展报告2012》指出，中国每年新增就业岗位徘徊在1000万个左右，大约30%的岗位来自退休人员的更替。中国目前有7亿多劳动力，与可能的经济状况相比，劳动力数量不缺，这一状况在2020年以前不会发生根本改变。

清华大学公共管理学院教授、就业与社会保障研究中心专家刘庆龙指出，现在推行延迟退休时机尚未成熟。就目前而言，贸然推行延迟退休年龄的相关政策，势必会带来两方面问题：一是给年轻人就业带来较大冲击。我们应该让各个岗位更快地实现年轻化，特别是在干部队伍中实现年轻化。二是当前国家的退休制度仍存在诸多问题。比如一线工人的退休并未得到很好保障；此外，一些“吃皇粮”的单位实际上早就在执行着延迟退休政策，领导干部虽然已经退休但仍享受着退休前的待遇并拿着国家工资。

实际上，自坊间就延迟退休展开讨论以来，一直都是“难获普遍认可，拥护者寥寥”，其中，民众反对声尤为强烈。基层的百姓和从事一线工作的劳动者，特别是体力劳动者对于延迟退休都是反对的；反而，技术、脑力劳动等工作强度低但收入颇丰的工作人员和部分公务员，对延迟退休心生期待。刘庆龙强调，这就需政策制定者必须慎重，否则极易引起社会混乱，加剧社会不公。

延退是大势所趋，将采取“小步慢走”的方式

伴随老龄化的加速发展，延退或是不可避免的选择。但何时开始？以何种步调进行？

刘庆龙表示，应该承认延迟退休是大势所趋，且这一趋势一定会到来。该趋势由量变到质变的临界点，就是中国真正从发展中国家阶段过渡到发达国家之时。要认清，唯有劳动力接续能力才能决定该政策推行的时机。所谓发达国家，除拥有较高的人均国内生产总值（GDP）外，生产力水平也是高度发达，而且产业结构先进，在国民经济结构中第三产业所占比重一般大于 60%。尽管中国在 GDP 总量上已经跃居世界第二位，但人均 GDP 不足 4000 美元的地区仍然广泛存在，与人均 GDP 动辄可达数万美元的发达国家相比，差距依然巨大。在向发达国家迈进

的过程中，我们的产业结构势必发生巨大变化，届时，对劳动力的需求也会大幅上升。这时，劳动力接续也会出现不足。

目前学界的共识是，就算要延退，也只能小步走。但步子多小，用多长时间走完，并没有形成共识。清华大学向人社部提交的养老保险一揽子改革方案中，男女的退休年龄均被延长到65岁，整体用时15年。但褚福灵认为，整个延退或许要用30到50年才能完成。全国人大常委、中国人民大学劳动人事学院教授郑功成也强调，延迟退休应坚持小步渐进而不是大步急进。即每年延长2—6个月的工作时间，经过30年左右的推进，实现男女65岁同龄退休。

对延迟退休如何实施的问题，官方也进行了密集回应。

人力资源和社会保障部社会保障研究所所长金维刚说，渐进式延迟退休是指将来制定有关延迟退休的政策将采取小步慢走的方式，逐步缓慢地延长退休年龄。

人力资源和社会保障部副部长胡晓义表示，“渐进式”延迟退休年龄包含多层含义：一是要提前若干年预告，不能今年宣布明年就实施，而要让公众特别是相关群体有必要的准备期。二是要分步走，比如先从退休年龄最低的群体开始，从人力资源替代弹性系数低的群体开始，逐步扩展到各类群体。三是要迈小步，比如每年只延迟几个月，小步徐趋，用较长的一段时间完成平滑过渡。四是要多措并举，在延迟退休的同时，严格控制提前退休，进一步强化养老保险长缴多得的激励机制，调整产业结构、开发更多适合中老年人又不与青年人争夺工作机会的岗位，加强中老年人技能培训，并研究支持中老年人就业的扶持政策等，以最大限度降低对相关群体的不利影响。

胡晓义在国务院新闻办举行的新闻发布会上再次回应称，从未听说延迟退休从公务员或从重体力劳动者开始。这个政策正在研究制定过程中，有一些猜测也是正常的，但是不能把猜测当成定论。

但这并不是唯一的分歧点。不少政策建议者提出，中国的劳动者具体情况千差万别，实行“一刀切”的延退本身就是一种不公，他们认为，弹性退休制是既能因应个人现实，又能减少延退公众阻力的一种可行方案。

降低单位社保费率改革将先行

十八届三中全会《决定》提出，适时适当降低社会保险费率。目前，中国城镇职工五项社会保险用人单位应承担的费率合计约占本单位职工工资总额的30%，其中，由用人单位应承担的养老保险费率为20%，个人应承担的费率占本人工资的11%。目前绝大多数地区的单位费率都按这一标准执行。

清华大学就业与社会保障研究中心主任杨燕绥认为，中国现在社保费率过高，杀鸡取卵严重抑制了就业，也使社保缴纳变得困难，适当降低社保费率能够生鸡养蛋，促进就业之后社会缴费基数也可以夯实，从而进入良性循环。

人社部社会保障研究所所长金维刚指出，多年来，许多企业特别是中小微企业反映单位缴纳的社会保险费率总体负担较重，加剧了逃费现象，造成恶性循环。因此，应当首先考虑在适当时机适度降低用人单位缴纳的养老保险费。如果按照社会保障“十二五”发展规划纲要确定的目标，在“十二五”期末开始实行基础养老金全国统筹，将为适度降低用人单位缴纳的养老保险费提供有利的条件。在基本养老保险基金规模增大、支付能力增强的情况下，适当降低单位费率，并不会导致退休人员养老金待遇降低。

这方面，上海市已先行。2013 年 8 月，上海下发关于调整城镇职工社会保险缴费比例的通知，将城镇职工基本养老保险缴费比例由原来的 30% 调整为 29%，其中单位缴费比例由原来的 22% 调整为 21%，个人缴费比例不作调整；城镇职工基本医疗保险缴费比例由原来的 14% 调整为 13%，其中单位缴纳基本医疗保险费的比例由原来的 10% 调整为 9%，单位缴纳地方附加医疗保险费的比例及个人缴费比例不作调整；失业保险缴费比例由原来的 2.7% 调整为 2%，其中单位缴费比例由原来的 1.7% 调整为 1.5%，个人缴费比例由原来的 1% 调整为 0.5%；生育保险单位缴费比例由原来的 0.8% 调整为 1%。四项保险费率“三降一升”，总体下降 2.5%。该标准自 2013 年 10 月 1 日起执行。

养老社会化大势所趋

社会养老是未来发展的必然趋势

当人口结构中 60 岁以上的老人占 10%，65 岁以上的老人占 7%，便视为老龄化。从 20 世纪中叶到 21 世纪中叶不到一百年的时间，全世界各国都不同程度地进入老龄化社会，而且在 21 世纪内不可逆转。

人口老龄化是世界化的发展趋势

目前英法德日等国家已进入超老龄化阶段，美国在 2025 年进入。上述国家均将养老金缴费年限提到 30 年以上，领取养老金的年龄提到 65—67 岁（英国公务员例外），相对降低了国民基础养老金，强化了个人账户养老金和养老金市场。2010年年底，全球养老基金规模达到31.1万亿美元，美国占60%，美国、加拿大、澳大利亚的养老基金超过GDP。

人口老龄化是指总人口中年轻人口数量和比例减少、老年人口数量和比例相应增长的动态过程。按国际惯例，当人口结构中60岁以上的老人占10%，65岁以上的老人占7%，便视为老龄化。衡量老龄化社会水平有三个标准：一是进入老龄化阶段，65岁以上人口占总人口比例达到7%时社会进入老龄化阶段；二是深度老龄化阶段，占14%时社会进入深度老龄化阶段，此时简单老龄人口赡养比约为1 ∶ 5，即5个养老金纳税人供养1个养老金领取者，如果养老金税率为10%，则养老金对工资的替代率为50%，这是两代人均可以接受的边际费（税）率；三是超级老龄化阶段，一旦65岁以上老龄人口占总人口比例为20%以后，社会即进入超老龄化阶段，人口老龄化社会经济问题突出。

在长期应对老龄化的实践中，由于有经济实力的支撑和西方居家形态诸多方面的因素，欧美国家养老对策的共同之处是依赖“社会养老”功能：在社会保障体制中，老年人被赋予了独立生活的经济能力；在福利设施、服务体系以及居住环境等方面，针对老年人的生理情况，采用不同层次、不同类别的设计。

概括起来，国外养老主要有以下几种模式：

家庭养老。老年人居住在家庭中，由具有血缘关系的家庭成员对老人提供赡养服务。其养老资源主要来自于家庭本身的收入和家庭成员的照顾。在以东方文化为底蕴的国家，家庭养老占主体地位。

居家养老。老人居住家中，由社会提供养老服务。服务提供者主要有居家养老服务机构、老年社区、老年公寓、托老所、志愿者等。服务内容包括基本生活照料（饮食起居照顾、打扫卫生、代为购物等）、物

□ 中国人口老龄化的进度表及其国际比较

进度	美国	日本	中国	世界	发达国家	最不发达国家
进入老龄化（7%）	1950	1970	1995	1990	1950	2040
发展所需时间	40	25	25	45	40	40
深度老龄化（14%）	1990	1995	2020	2035	1990	2080
老龄人口赡养比 1/5	1990	1990	2020	2025	1990	2070
发展所需时间	35	5	15	10	20	20
超级老龄化（20%）	2025	2000	2035	2045	2010	2100

图表说明：清华大学养老金工作室根据《联合国经济和社会发展部世界人口展望（2010）》的常数出生率计算，进入时间是表中时间的前后5年左右。

质支援（提供食物、安装设施等）、心理支持（治病、护理等）、休闲娱乐设施支持等。欧美等发达国家多数老人接受居家养老服务。

机构养老。老人居住到专门的养老机构，由机构提供养老服务。根据老年人身体健康状态、生活自理程度及社会交往能力，实行分级管理，一般分为自理型、半自理型和完全不能自理型三级。不同级别的老人入住不同类型的养老机构。

互助养老。老人与家庭外的其他人或同龄人，在自愿的基础上结合起来，相互扶持、照顾。具体包括老年人结伴而居的拼家养老、社区内成员相互照顾的社区互助养老等形式。在德国，有很多老年人共同购买一栋别墅，分户而居，由相对年轻的老人照顾高龄老人。还有的地方安排大学生和独居老人合住，由大学生照顾老人。

在此基础上，发达国家还推出一系列灵活方式。比如以房养老，就是将自己的产权房出售、抵押或者出租，以获取一定数额养老金或养老服务。在美国，许多老年人在退休前10年就为养老而购买房子，然后把富余的部分出租给年轻人使用，利用年轻人支付的房租来维持自己的退休生活。除此之外，美国政府和一些金融机构还向老年人推出“以房养老”的“倒按揭”贷款。62 岁以上的老年人将房子抵押给银行或专门的倒按揭公司，然后每月领取生活费。

以美国为例，老年人的居住设施大致分为五类：独立式住宅、老年公寓、养老院、护理院、老年养生社区，每一类辅以相应的服务管理体制。美国的养老模式有营利和非营利之分，前者大多为私人公司所办。其养老社区建筑规模大，有各种各样的俱乐部，开设的课程和组织的活动超过 80 种以上。太阳城就是其典型代表。

太阳城中心始建于 1961 年，坐落在佛罗里达西海岸，是美国较大的老年社区之一，现有来自全美以及世界各地的住户 1.6 万户，并一直处于持续增长的态势。美国太阳城的整个社区包括“太阳城中心”（独立家庭别墅）、“国王之殿”（连体别墅）、“湖中之塔”（辅助照料式住宅和家庭护理机构）、“庭院”和“阿斯顿花园”（出租的独立居住公寓）以及“自由广场”（辅助照料式住宅和家庭护理机构）六大居住社区。以上各社区共同享用一个邮局、超市、医疗机构、银行和教堂。

在太阳城，无论哪个年龄段的老人，选择哪种住宅，都能享受到积极活跃的老年生活方式。每人每年缴纳一定费用，就能享受室内和室外游泳池、网球、推圆盘游戏场、草地保龄球、健身和娱乐中心等设施。另外，在社区内，还有各种各样的俱乐部，是老年大学的组成部分，开设的课程和组织的活动超过 80 种，包括木匠活、缝纫坊等，甚至还有中国画。太阳城的建筑、管理、经营一切以老人为中心。这里还有个规定：居民必须是 55 岁以上的老人，18 岁以下的陪同人士一年居住时间不能超过 30 天。

太阳城属于住宅开发性质，盈利模式主要是住宅销售。另外，太阳城社区内不建设相应设施，主要依赖社区等所在城镇提供的大市政基础配套，这使得前期投入成本大幅降低。

日本、荷兰、加拿大社会养老模式比较

早在1963年，日本就制定了《老人福祉法》，阐明了老年人享有的福利，规定要采取必要措施，维护老年人的身心健康和生活福利。此后，日本在1982年制定了《老人保健法》，在1997年出台了《护理保险法》。

多年来，日本建立了大量不同类型的养老设施，包括可以利用“护理保险”的“特别养护老人院”和“护理老人保健设施”，以及民间运营的“收费老人院”和“带服务的老年人住宅”等，服务内容、居住目的、入住条件等各不相同。

“收费老人院”是提供护理服务、日常生活服务、机能训练和开展集体文娱活动的民间养老设施，需要终身护理的老人和健康老人都可以入住。入住“收费老人院”要支付一次性的赞助费，大部分从数百万日元到数千万日元不等，有些甚至达到1亿日元以上。

对一个人生活感到不安或者需要护理的老年人，也可以选择入住“带服务的老年人住宅”。这种设施可以利用“护理保险”，对于面积、设施、无障碍结构等都有明确标准，有护理师和护工常驻，提供24小时巡回访问服务。与“收费老人院”不同，“带服务的老年人住宅”要签署租赁合同，不用缴纳入住时的赞助费，但是需要缴纳押金和礼金。护理程度较低的老人多选择这种老年人住宅。

此外，还有以所在地的市町村居民为服务对象的“集体住宅”，供患有认知症的老年人结成 5 至 9 人的小组共同生活。这种住宅既有自己独居的空间，也有集体活动的空间，在专业人员的帮助下，入住者根据自己的能力，分别承担做饭和打扫卫生等工作，最大特征是能够享受家庭团圆般的乐趣，收费也比“收费老人院”要便宜。

60 岁以上的老人如果因没有亲属或者由于家庭环境和经济状况而难以与家人一起生活，尽管不需要护理，但是身体功能下降，独立生活有困难，还可以获得地方政府的补贴，以较低价格入住“低收费老人之家”。

“特别养护老人院”则是社会福利法人和地方政府等运营的公立的老年人居住设施，以日常生活护理、机能训练、娱乐等为主，与“收费老人院”相比费用很低，但只有需护理程度较高时才能入住。出于经济原因难以在家里护理的老人可以优先入住，但很多设施常常有两三百位老人排队等待。

如果有就医住院的老人在病情稳定后对出院回家感到不安，可以利用“护理老人保健设施”，这也是适用“护理保险”的设施之一，发挥了医院和家之间的过渡作用。与“特别养护老人院”相比，这里的医疗护理更加充分，有护士、理疗师、营养师等各种专业人士。

老人由于遭受虐待、身心存在障碍以及经济原因，无法在家养老时，可以向市町村申请入住“养护老人院”。与“特别养护老人院”不同，这里不能利用“护理保险”，要向市町村政府申请才能入住，一般给老人提供 3 个月至 6 个月的庇护。

日本虽然有发达的养老体系，但仍面临老龄化的严峻挑战。根据总务省预测，到 2060 年，日本每 2.5 个人中就有一个 65 岁以上的老人。随着缴纳医疗保险、护理保险等的劳动力越来越少，数量庞大的老人的供养问题将给日本社会带来沉重压力。

鉴于资金、设施、人员等多方面实际难题，荷兰的养老体系分为三个层次，按照不同需求的老年人实际状况来分别安置。而在每个不同的层次中，政府又竭尽所能，想方设法实现兼顾个性化需求的照顾。

首先，荷兰政府鼓励所有老年人居住在自己的家里。当然，由于老年人年老体弱，他们多数都需要不同程度的护理。那些健康的、可以独立日常起居生活的老人尽量留住在自己家，无论是老人拥有房产还是租房，国家都会在其偿付能力基础上给予不同程度的资金补贴。对于一部分可能会因为疾病行动不便，自理能力受到一定影响的老人，政府积极推进“家庭自动化”进程。例如，通过特殊程序提醒老年病患服药等。国家对此也给予一定补贴。

其次，从基础设施上保证每个小区（或标准区域内）拥有一个保健机构，可以为小区内需要帮助的老人定期派送护士进行保健服务，同时会招募一些义工为老人定期上门打扫卫生。

针对所有居家养老的老年人，荷兰政府制定了“寻求帮助门槛低”“小区保健服务机构到位”“转诊直接及时”等目标。因为一些老年人有各种各样的房产问题，同时他们希望能与同龄人进行交流，又能有一定的私人空间等，所以建造适合的老年人公寓成为荷兰房地产市场的另一需求。这种老年人公寓小区拥有自己的餐厅、活动中心场所、专门的物理理疗诊所、心理医疗诊所、健康指南诊所及服务中心等配套齐全的设施和服务。老年人公寓种类齐全，基础设施分配合理，不仅满足老年人拥有私人空间的需求，同时又能满足其日常社交要求。

根据荷兰政府的信息，到 2018 年，荷兰计划每年必须在原有基础上额外提供 3.6 万至 4 万套专门适合老人居住的公寓。对于完全失去自理能力或者患有严重疾病需要有人专门护理的老年人，养老院成为荷兰

专栏

俄退休老人"涌向"中国边境小城

来自俄罗斯远东地区斯拉维扬卡镇的退休老人斯克沃尔佐夫夫妇从未想过，自己会在中国安度晚年。"只要坐两三个小时的汽车穿过中俄边境，就可以完全置身于另外一种生活中。在这里即使靠我们微薄的退休金，也能过上在俄罗斯想都不敢想的生活。"如今在珲春，像叶夫根尼·斯克沃尔佐夫这样的俄罗斯老人不在少数，以至于俄罗斯媒体将珲春称为"俄罗斯远东地区退休老人的疗养院"，这些退休老人甚至把自己称为"Ruschina"，源自英文单词Russia（俄罗斯）和China（中国）。

维克多在中国的这个家位于珲春市区一个新建不久的小区，这里的保安和邻居已经熟悉了这位俄罗斯邻居。说起在中国居住的感受，维克多谈到最多的是惬意。维克多的家乡在俄罗斯阿穆尔州共青城，他退休前是一名建筑工程师。2008年，维克多第一次来到珲春旅游，这里的温度、环境、消费等都给他留下了深刻的印象。最终，维克多把珲春当成了"第二故乡"，用多年积攒的钱买了一处房子。他每月能领到一笔退休金，相当于3000元人民币，"这些钱足够我在这里惬意生活"。

便宜的房价、物价，是吸引俄罗斯老年人来珲春定居的重要原因。来中国寻求效果更好的医疗保健，同样吸引着俄罗斯老年人来到这个异国小城。针对越来越多的俄罗斯人上门就诊，珲春市中医院从2008年开始就推出了针对俄罗斯人的中医保健项目。珲春市中医院副院长吕尧说，俄罗斯天气寒冷，风湿、骨病等发生率比较高，高血压、糖尿病等这样的慢性病也较多。2012年有2000多名俄罗斯人来这里寻求中医治疗。这些年珲春市也陆续出台了许多政策，力争把珲春市打造成俄罗斯远东地区居民休闲的"后花园"。统计数据显示，2012年进入珲春的俄罗斯游客达到15万人次，实现贸易额5亿美元，同比增长25%。"珲春现象"折射出当前在远东地区中俄双边经贸人员往来增加的趋势和一些新特点。

资料来源：《国际先驱导报》2013年12月3日

养老体系的集中保障。养老院与老年人公寓在性质、规模和层次方面基本相同，只是在医护方面会有额外关注。即便是老年人瘫痪在床，荷兰政府还是鼓励老年人居住在自己的家里，政府可以做到“医疗护理、日常护理天天登门”，从而满足老年人护理的需求。对于老年人来说，住在家里和住在养老院的区别也就不大了。

通过建立不同层次的养老保障体系，荷兰较好地解决了养老院人满为患的问题，使得多数老年人都能够在各方面得到较好的保障。

因养老福利项目多样、养老院收费低廉，加拿大素有“老年人天堂”之称。面对日益凸显的老龄化问题的挑战，加拿大逐步建立起一套完善的养老体系，形成多种体制下的多层次服务形式。

在加拿大，最为普遍的是各种档次的“独立生活”老年人公寓，接收的住户是生活能完全自理的退休老人。这类老年人公寓楼中除了一般公寓楼所拥有的私密生活空间和各种锻炼活动设施外，还提供医疗监测和应急支持、餐饮、清理房间、洗衣、组织社交和娱乐活动等老年人所需的服务。这类公寓分别在私营、非营利机构和政府补贴三种管理体制下运行，房租的标准也差别很大。在温哥华西区，一家私营老年人公寓一室一厅的月租金是3500加元。但对于低收入的老年人来说，可申请“老年人补贴住房”。凡年满59岁以上，有加拿大合法居留身份的人均可申请入住。这类老年人公寓房租低廉，是居住者月收入的30%。在不列颠哥伦比亚省，一室一厅每月的房租是300加元左右，约合人民币2000元。

比“独立生活”老年人公寓高一个层次的是“辅助生活”老年人公寓。这里的住客在生活方面基本上能自理，但在每天的餐饮和自我照顾上需要一些额外的照料。这类公寓配备专职护士，每天24小时值班，医生也定期到访。每天提供两顿饭，每周提供清理房间的服务。住在这里的老人如果身体状况恶化，会随时被转送医院。住户通常需要交纳收入的 70% 作为租金。

最高层次的是“特许护理”养老院。这类养老院的入住者为完全丧失独立生活能力的老人，需由护工 24 小时照顾。例如中侨互助会下属的“李国贤护理安老院”，在这里，需要全面护理的失能老人每月只需交纳 498 加元，相当于本人每月收到的联邦政府资助的老年人安全养老金的 80%。养老院收留一名需要全面护理的失能老人，每天可获得不列颠哥伦比亚省政府 116 加元的补贴。

推动社会力量成为发展养老服务业的“主角”

早在 2000 年，国务院办公厅就转发了民政部等部门《关于加快实现社会福利社会化的意见的通知》，2005 年民政部又下发了《关于支持社会力量兴办社会福利机构的意见》，在规划、建设、税费减免、医疗、用地、用水、用电等方面提出了一系列优惠扶持政策，鼓励和支持企事业单位、民间组织、个人等社会力量投资兴办养老机构。但是目前，民办养老机构的发展仍然面临着许多困境。

目前，中国的养老机构主要分为两类：公办养老机构和民办养老机构。

截至 2012 年年底，中国 60 岁及以上老年人口已达 1.94 亿，占总人口的 14.3%，而目前中国各级养老机构的床位仅有 410 多万个。近 2 亿老龄人口“抢”400 万张床位，平均近 50 个老人才能“摊”到一个床位。对“夹心层”家庭来说，进入公立养老院几乎是件不可能完成的任务。比如，北京市首屈一指的第一社会福利院有养老床位 1100 张，只向拥有北京市户籍的老人开放，而排队等待入院人数超过 1 万人。以此计算，即使是一年轮换一次床位，进入第一社会福利院也需要十年时间。

长期以来，由于各级政府在供地计划中，并未确定养老服务设施用地占总用地计划的比例，也未单独确定养老服务设施供地面积和位置，

□ **2034 年中国老龄人口将占 22.8%**

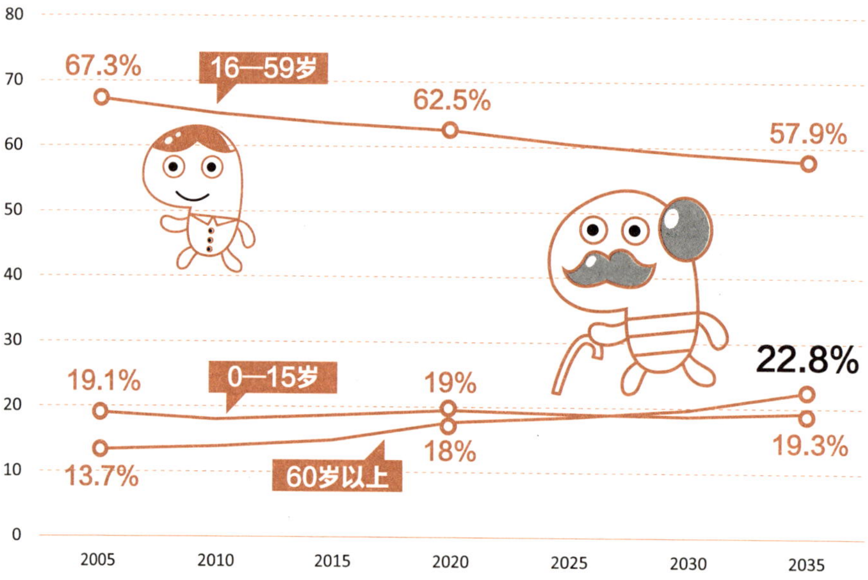

图表说明：2013 年 2 月 27 日，全国老龄工作委员会办公室在京发布中国首部老龄事业发展状况蓝皮书——《中国老龄事业发展报告（2013）》。蓝皮书指出，中国社会老龄化形势严峻，2013 年全国老龄人口将达到 2.02 亿，老龄化水平达到 14.8%；2012 年全国至少有 100 万个失独家庭，且每年以约 7.6 万个的数量持续增加。蓝皮书披露，老年人口内部变化将进一步加剧人口老龄化的严峻性。高龄老年人口（80 岁以上）继续增长，从 2012 年的 0.22 亿上升到 2013 年的 0.23 亿，空巢老年人规模继续上升，2012 年为 0.99 亿，2013 年将突破 1 亿。

造成养老服务机构申请用地困难。中央和地方都有明文规定的水、电、煤、热等方面的优惠政策也难见落实。

以往，由于进入门槛较高，审批流程较复杂，很多民办养老机构都是没有任何资质的“黑”养老院。另外，按照现行政策，民办养老服务机构必须坚持福利性、非营利性质才能享受国家的优惠政策。专家指出，这在确保私人财产进入公共领域后发挥公共服务作用的同时，也带来民办养老机构无法从银行获得抵押贷款的难题，养老服务初期投资大、回收期长，贷款难题对民办养老机构影响明显。

由于资金、人员等因素制约，民办养老机构硬件设施、专业服务等跟不上，难以提供照料护理、医疗康复、精神慰藉等多方面服务，老人不愿选择，床位利用率低。据贵州省民政厅统计，到 2012 年年底，贵州民办养老机构有床位 4080 张，收养人员为 1336 人，床位利用率仅为 33%。

中国一直都鼓励民间资本参与养老机构市场，但由于没有统一标准，同时疏于管理，很多民办养老院存在虐待老人、乱收费等问题，生存状况不容乐观。入住率低、资金周转困难、入不敷出导致养老院经营“步履维艰”。

“十二五”期间，中国机构养老床位数量要翻番，这其中绝大部分将是民营机构的贡献。按民政部规划，今后 70% 以上的床位都要由民营机构来提供。“公办民营”和“民办公助”的模式或可成为机构养老的一条有效路径。

对于民营养老机构，其最初的定位是“拾遗补缺”，做政府做不了的事；但现在，它不仅要作为一种补充，更要充分发挥“生力军”和“主力部队”的作用。中国老龄产业协会副会长张恺悌认为，这要求政府部门充分认识到民营机构“新鲜血液”的作用，鼓励其建立，引导其发展，

□ 民办养老院必备条件

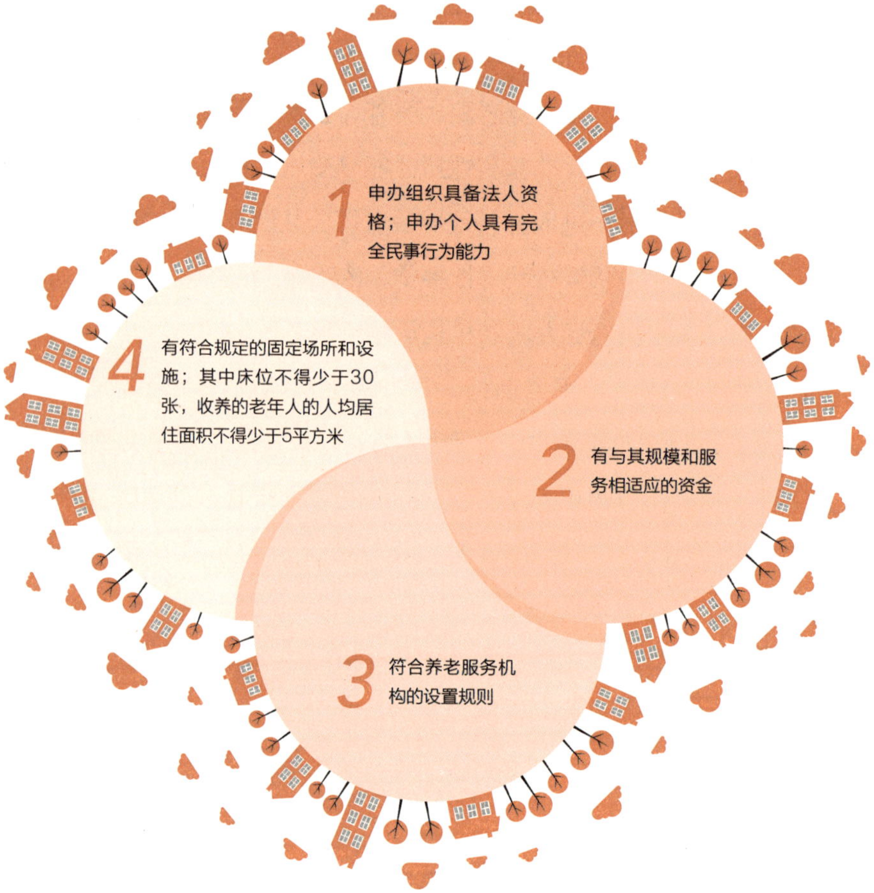

并提供政策支持。

在国外，公办养老机构一般面向最需要养老保障的底层人群，民办养老机构则面向高端市场，而中国的情况刚好相反。基于此，全国老龄工作委员会办公室副主任闫青春建议，中国应区分不同的养老责任，把现有的公办养老机构变成有针对性的保障性福利机构，解决“三无”老人、贫困老人等弱势人群的养老需要，并为一部分养老服务买单。但是，这并不意味着政府就要亲力亲为运作公办养老院；相反，政府应该发挥主导作用，改变管理方式，与一些NGO及企业合作，发展半福利型和营利型养老机构。

所谓公办民营，即政府补贴机构硬件，交由民间机构进行市场化运营。2006年，天津鹤童老年福利协会以委托管理的方式接管了北京月坛街道敬老院。在合作中，鹤童不管财务，不设会计，也不进行前期投入，只负责自己擅长的经营管理工作；作为主管方的月坛街道敬老院负责提供资金和政策支持，并对鹤童的服务进行监督和评估。这样的举措，保证了鹤童从人员安排到服务提供的独立性。

闫青春认为，月坛街道办事处与鹤童的成功合作，证明非营利组织和政府是可以优势互补的。但无论是通过招投标的方式引入民间机构，还是对已有的公办养老院进行事业改革和法人治理，政府角色的转变都是必要的前提。

在2013年5月1日开幕的第二届中国国际养老服务业博览会上，北京市民政局透露，2013年起，北京新建的养老机构将实现“公办民营”，由政府建设养老机构，通过招标、评审等方式，选择优质的社会力量经营，为市民提供优质的养老服务。

但不可否认的是，目前大多数民间机构还相当弱势，既缺资金，也缺人才，难成气候。因此，有必要大力发展社会组织，使之成为中坚力量。

在国外，除公办民营养老机构之外，也有民办公助与民办民营等养老机构的补充。民办公助养老机构一般是由社会团体、民办非企业单位等非营利的私人部门作为投资者。比如香港社会福利署正在推行的“改善买位计划”，就是由政府向私营养老机构购买床位，提供给申请的老人。建立营利性的民办民营养老机构，并不意味着整个养老服务体系福利性的降低。以英国为例，2001 年，私人机构投资经营的护理院占护理院总数的 63%，但是入住护理院的老人可以向政府申请补助，英国政府事实上承担着大部分养老服务费用。

另外，企业也可以成为兴建民营养老院的主力。2013 年 10 月 23 日，由合众人寿保险公司投资建造的合众优年养老社区在武汉完工，这是国内首个集居家、社区和服务机构于一体的复合型养老社区。买保险或付押金租金可入住该养老社区。而在此之前，2007 年，泰康人寿就提出了在中国由保险公司来实践养老社区的构想。2011 年，泰康在北京昌平总建筑面积约 30 万平方米的养老社区破土动工，计划 2015 年正式投入使用，可容纳 3000 户老人入住。

2013 年 8 月 16 日，国务院总理李克强主持召开国务院常务会议，确定了深化改革加快发展养老服务业的任务措施。会议指出，推动社会力量成为发展养老服务业的“主角”，到 2020 年全面建成以居家为基础、社区为依托、机构为支撑的覆盖城乡的多样化养老服务体系，把服务亿万老年人的“夕阳红”事业打造成蓬勃发展的朝阳产业，使之成为调结构、惠民生、促升级的重要力量。

根据国务院常务会议精神，2013 年 9 月，国务院印发了《关于加快发展养老服务业的若干意见》（国发〔2013〕35 号，以下简称《意见》），提出了加快发展养老服务业的总体要求、主要任务和政策措施，将为破解养老难题、拓展消费需求、稳定经济增长发挥重要作用。

《意见》明确提出，要充分发挥政府作用，通过简政放权，激发社会活力，充分发挥社会力量的主体作用，健全养老服务体系，满足多样化养老服务需求。《意见》强调转变政府职能，激发各类服务主体活力，加大政策支持和引导力度，政府在保障基本养老服务方面要发挥主导作用，市场在资源配置上发挥基础性作用，逐步使社会力量成为提供养老服务的主体，支持家庭、个人承担应尽责任。在发展目标上，《意见》提出养老服务覆盖所有居家老年人，全国社会养老床位数达到每千名老年人35—40张，产业增加值在服务业中的比重显著提升，全国机构养老、居家社区生活照料和护理等服务提供约1000万个就业岗位。

而在此之前，2013年6月30日，民政部公布《养老机构设立许可办法》和《养老机构管理办法》，对养老机构的设立许可、法律责任、服务内容等作出明确规定，这两部新规自2013年7月1日起正式施行。

《养老机构设立许可办法》为开办养老机构设立了门槛，包括床位数在10张以上，有与开展服务相适应的管理人员、专业技术人员和服务人员，有符合养老机构相关规范和技术标准，符合国家环境保护、消防安全、卫生防疫等要求的基本生活用房、设施设备和活动场地等。根据《养老机构管理办法》，政府投资兴办的养老机构，应当优先保障孤老优抚对象和经济困难的孤寡、失能、高龄等老年人的服务需求。民政部门应当会同有关部门采取措施，鼓励、支持企业事业单位、社会组织或者个人兴办、运营养老机构，鼓励公民、法人或者其他组织为养老机构提供捐赠和志愿服务。新法规实施后，民营营利性养老机构摆脱了没有“娘家”的尴尬境地，有效刺激了民间投资者的办院积极性。同时，对于有望批量转正的“黑”养老院而言，通过审批不仅意味着获得资金补贴，还意味着相关部门的监管将更加规范和严格。

北京大学教授、中国社会法研究会名誉会长贾俊玲认为，国家的公共财政支出应当向老年服务领域倾斜，对老年人切分的蛋糕应该加大，逐渐满足老年人的需求。此外，老年人权益保障法还需要更加完善和细化。中国人民大学教授郑功成认为，在法制规范、政府主导的同时，应努力调动社会各方力量，形成以家庭为基础的多方参与、共同分担的格局。全国老龄工作委员办公室副主任吴玉韶建议，可以考虑出台鼓励子

专栏

“候鸟式养老”催热养老产业加速布局

我们是否会“活的越久，晚景越凄凉”？这是对老龄化时代中国养老状态的担忧，也是“上有老下有小”的子女们的心病。全社会都在试图寻找破解之策。

伴随居民收入增长和消费升级，越来越多的老人渴望从家中走出来，随着季节的变化，去冬无严寒、夏无酷暑的地方度假。“候鸟式养老”正成为一种时尚养老模式。

但这个日益庞大的“候鸟人群”在“迁徙”中面临的吃、住、行问题如何解决：老人出行谁来陪伴？在度假地病了如何就医？长期居住买房成本太高又无力看管怎么办？……借助社会资本发展养老产业成为必然。众多开发商正加速布局，瞄准这一巨大市场纷纷进入。

山西省光彩慈行老年产业（集团）有限公司借鉴国外成功经验，力图为养老产业的运行探索出成功的模式。“目前中国很多老年人出行跟着旅游团，上车睡觉下车看庙，出去旅游没有亲人照顾，反应迟钝令人担忧。”在光彩慈行老年产业集团常务副总裁张全顺看来，完整的“候鸟式养老”模式应包括住宿、餐饮、养生项目、护理培训、医疗保健等延伸的产业链。

他告诉记者，看好中国养老产业的巨大市场，希望这一“朝阳产业”能改善“夕阳红”的晚年生活。按照规划，光彩慈行老年产业集团在山西、海南的养老项目将陆续投入运营。同时，北京、广州、重庆、大连等地的选址正在进行中。张全顺介绍说：“老人可根据自己的需求，选择养老目的地和养老休闲项目，在这些地方，都建立了完善的护理和医疗队伍。在数据中心，老年人的健康档案可以随时调取。”

在张全顺说的数据中心，存储着光彩慈行老年会员详细的健康

专栏

档案，包括入住预约、交通提供、住宿度假、营养膳食、健康管理、旅游全程服务等信息，这是养老产业的延伸，为解决老年人出行不便和健康隐患等问题。

养老产业投入大，周期长，回报慢，可持续运营是面临的共同难题，为了解决这一问题，光彩慈行的养老项目还同时配备了温泉养生酒店、养生膳食农家乐、润东农业科技博览园、丰盈度假村等。“这些项目运营模式较为成熟，资金回笼快，能够为养老产业的持续运营注入‘活水’。”张全顺说。

资料来源：新华网 2014 年 4 月 26 日

女与父母同住或者就近居住这样的政策，在购买住房的贷款和契税上给予一定优惠；还可以建议调整个人所得税的征收办法，对赡养老年人的子女征税者给予优惠。“还可以探索建立老年人的照料假制度，也可以考虑探索建立青少年为老年人志愿服务制度。”中国人民大学社会与人口学院副院长姚远教授指出，长远来说，民营资本进入养老机构是大势所趋。

2013 年 10 月 12 日，北京市在全国率先出台了《关于加快推进养老服务业发展的意见》，这是在国务院印发《关于加快发展养老服务业的若干意见》后，全国第一个采取行动的地方政府。10 月 31 日，北京市与之相配套的《关于加快本市养老机构建设的实施办法》出台。今后，北京养老服务业的最大亮点将是降低门槛，引入社会资本和各方力量参与。新建居住小区需按规划配套建设养老机构，与住宅同步建成。凡老城区和已建成小区无养老机构或现有设施达不到要求的，要限期通过购置、置换、租赁、腾退等方式开辟养老机构，且不得挪作他用。同时，支持和引导各类社会主体参与社区养老服务设施建设、运营和管理，各类具有为老年人服务功能的设施都要向老年人开放。《关于加快本市养老机构建设的实施办法》明确，社会资本愿意投资建设养老机构的，优先支持其建设；在社会资本建设的养老机构不足以满足老年人入住需求时，由政府补充投资建设。社会资本举办养老机构的用地可以采取划拨、招拍挂、协议出让和占地四种方式。同时，北京市还提高了社会力量建设的非营利性养老机构一次性建设阶段支持标准。

衣食住行惠民生

People Conditions

当代中国人的十大梦想

“国家梦”离不开“个人梦”，“个人梦”是“国家梦”的元素。每一个中国人都有一个属于自己的中国梦。中国梦由无数普通人的梦想汇聚而成。正是无数追梦者、圆梦人的努力，才孕育出一个国家的梦想。在这样的基础上，进一步形成人们普遍向往和追求的“中国梦”。那么，当代多数中国人的主要梦想是什么？从习近平总书记2012年提出中国梦的目标，到2013年全国两会直至现在，有关中国梦的话题在网上网下持续热议，许多媒体还开展了以“梦想”为主题的调查，我们据此试着梳理出当代中国人的十大梦想。

住有所居

“我想有个家，一个不需要多大的地方。”这句在20世纪90年代传唱最为广泛的经典歌词，在21世纪的今天仍是很多人的心声。房子这个最基本的生活资料，竟成为许多人一生的奋斗目标。

户均一套房不代表人人有房住

自中共十七大提出努力实现全体人民住有所居的目标以来，中国实施了大规模保障性安居工程建设。根据2013年政府工作报告，5年来，新建各类保障性住房1800多万套，棚户区改造住房1200多万套。逾2600万户城镇家庭住上了新房，近1亿人口的住房条件得到改善。2012年年底，城镇和农村人均住房面积分别为32.9平方米、37.1平方米，分别比2007年增加2.8平方米和5.5平方米。

最近5年，是中国历史上保障性安居工程建设规模最大、成效最明显的时期。根据计划，"十二五"期间将新建保障性住房3600万套，约为过去10年建设规模的两倍。到"十二五"末，全国城镇保障性住

□ **2007—2012年全国财政保障性安居工程支出情况**（亿元）

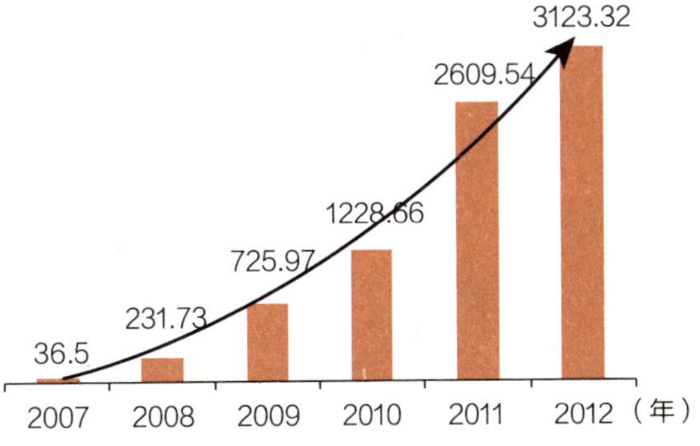

资料来源：《新京报》2013年3月6日

房覆盖率要提高到20%以上，基本解决城镇低收入家庭住房困难问题。

在“中国发展高层论坛2013”年会上，国务院发展研究中心市场经济研究所所长任兴洲称，目前中国人口户均1.02套住房，中国住房最短缺的时候可能已经过去。几个月前，北大中国社会科学调查中心完成的《中国民生发展报告2012》报告称，2012年全国家庭现住房完全自有率为84.7%，远超世界60%左右的水平，全国家庭的平均住房面积为116.4平方米，户均住房已然超过1套!

令人奇怪的是，面对这样一些数据，民间社会欢呼声几乎没有，质疑声倒是一片——不少网民认为这个数字偏离了自己的实际感受，自嘲“又被平均了”“拖了国家后腿”。其背后的缘由，正如地产大鳄潘石屹所言：中国现在房子是不紧缺了，只是有人房子多，有人没房住。2012年以来，“房叔”“房婶”“房爷”等的不断涌现，就是有力证明。

楼市十年九调 房价越来越高

一路上涨、高不可攀的房价可能让有的人一辈子都望“房”兴叹。2013年2月人民网和人民日报开展的2013年全国两会热点调查显示，线上有93%的人认为房价过高难承受，线下有66.1%的人期待抑制房价上涨。2013年第一季度，中国人民银行在全国50个城市进行的2万户城镇储户问卷也显示，68%的人认为目前房价高得难以接受。希望房价低一些再低一些，让买不起房的买得起房，让买房多不住等着升值的空房少些，成为广大民众的最大心愿。

国家统计局数据显示，2003年全国城镇平均房价为2381元/平方米，

2012 年全国城镇平均房价 5791 元 / 平方米。10 年上涨 143%，年均递增 10.3%。从 2003 年至今，除了 2008 年受国际金融危机影响房价明显下跌，2011 年和 2012 年房价涨幅较低外，其他年份的房价上涨幅度基本都超过了两位数。北上广深和发达省份的省会城市的房价涨幅更是远超平均水平，翻了两倍、三倍甚至更高。

房价问题已经连续 4 年名列全国两会最受关注的问题前三名。在经过几年的消化和发展后，目前住宅的真正需求集中在工薪阶层和刚踏入社会不久的年轻人身上。这部分群体不是收入水平相对低，就是积蓄较少，对住宅产品的购买力相对较弱。如果房价不加以有效控制，极有可能导致住宅市场大幅度波动，影响经济的持续发展。而且，正如有媒体指出的，房子的事绝不仅仅是经济，它膨胀太大了就是政治。

有人断言：在所有中国人的梦想里面，“住房梦”是最难实现的梦想。未来，普通人能轻松圆安居梦吗?

□ 2004—2013 年北京房租上涨走势图（元 / 套 / 月）

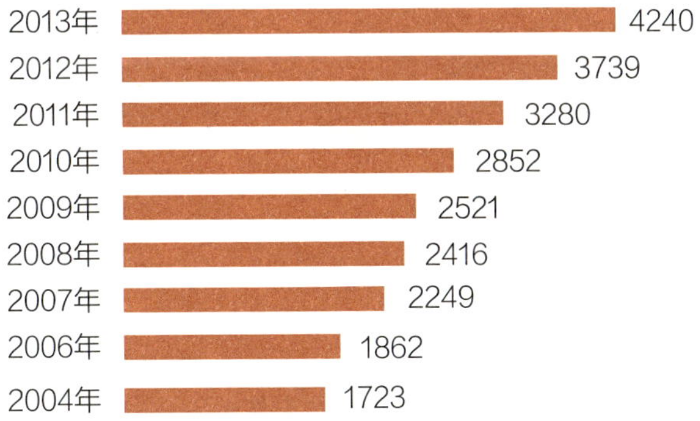

图表说明：2005 年数据暂无

资料来源：《经济观察报》2013 年 4 月 15 日

□ 京沪穗商品房近年销售均价（元 / 平方米）

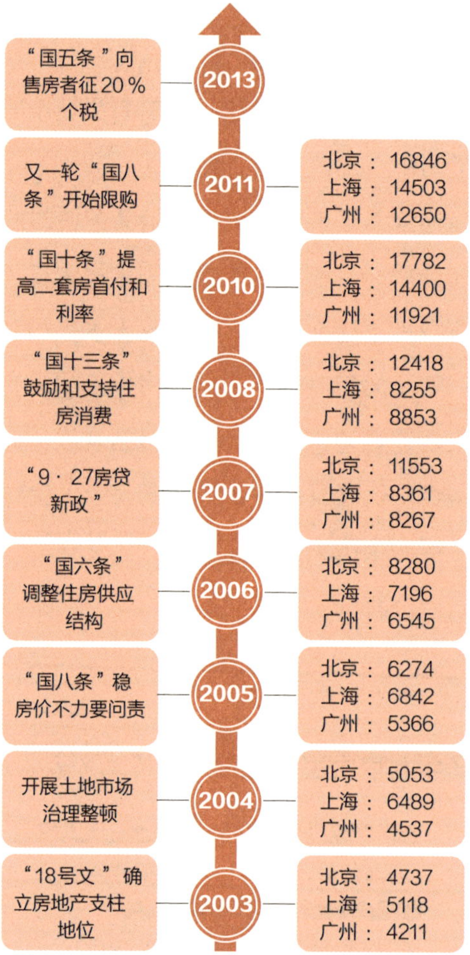

资料来源：《羊城晚报》2013 年 4 月 1 日

学有所教

教育是民族复兴的基石，教育公平是社会公平的重要基础。不分地域、不分贫富平等地接受教育，是每个学生和家长心底的渴望。2014 年全国两会上，有代表认为，实现教育公平，一方面是让所有孩子都有学上，取消择校费、择班费，划分学区就近入学等；另一方面是让所有孩子都能上好学，平等享受优质的教育资源，尤其是让外来务工人员的孩子，也享受到和城里孩子一样的教育。

教育公平是梦想的起点

教育不仅可以改变一个人的知识结构，同时也会改变社会的分层。唯有好的教育、公平的教育，才能让每一个人更好地圆自己的梦想。

中国全面实现城乡九年免费义务教育，惠及1.6亿学生。中等职业教育免学费政策范围扩大到所有农村学生。2012年，财政教育投入首次占到GDP的4%，教育成为公共财政的第一大支出。国家财政性教育经费支出累计7.79万亿元，年均增长21.58%。在国家整体性教育投入普遍提高的语境下，教育发展的公平与均衡问题更加被关注。政府在教育资源的配置方面，越来越呈现向偏远山区、落后地区倾斜的趋势。许多农村学校的师资力量、教育设施、政策扶持等得到极大改善；全国范围内叫停农村中小学“撤点并校”；启动惠及贫困学生的“免费午餐”行动；教育部还专门为西部学生拿出17万个高招名额，以缩小地域录取率差别，等等。

政府让教育资源从“高地”流向“洼地”的努力，在一定程度上促进了教育的更加公平，让民众切实体察到一种历史性的转折和变局。不过，现实地看，这扇公平的门还开得不够大，特别是在一些公众舆论持续关注的焦点问题上，还需要更为扎实地推进。

□ 2007—2012 年国家财政性教育经费支出及占 GDP 比例情况

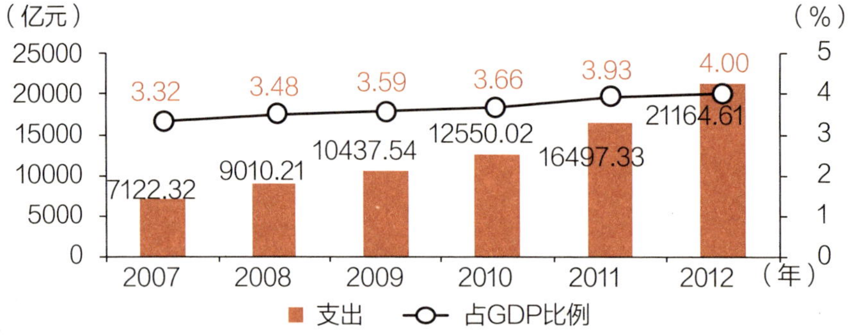

资料来源：《新京报》2013 年 3 月 6 日

教育均衡发展面临五大问题

由于中国经济社会发展不平衡，导致教育还存在很多不公平的地方，比如资源不均衡，在中西部经济落后地区学生还要自己带桌椅上学；机会不公平，农民工随迁子女还不能顺利进入城市中小学就读，有些地方上学存在“拼爹”等不公平手段挤占优秀教育资源等。有媒体总结当前中国教育均衡发展面临五大问题：

一是城乡教育投入失衡。教育资金向城市倾斜，越是大城市倾斜越明显。最好的师资、设施、管理等教育资源集中到少数学校。农村地区得到的投资相对较少，农村子女入学率、升学率和受教育程度远低于城市。20 世纪 70 年代末，国家推出的“重点学校”政策延续至今。重点学校绝大多数集中在城市。资源向重点倾斜，强势学校越来越强，弱势学校越来越弱。

二是东西部差距大。东西部经济发展差距大，教育投入差距大，不管师资还是教学设施等，西部远落后于东部地区。部委所属高校大部分

□ 让寒门走出贵子

辍学率
8.8‰

农村小学辍学率退至10年前

21世纪教育研究院报告显示，2000年至2010年，平均每一天，在中国农村就要消失63所小学、30个教学点、3所初中，几乎每过一个小时，就要消失4所农村学校。2011年辍学生已经达到88.3万人，辍学率8.8‰，这与1997年、1998年、1999年的辍学水平大体相当。

名校
一成

北大农村学生占比从三成跌至一成

教育学者杨东平主持的“我国高等教育公平问题的研究”课题组调研得出，中国重点大学农村学生比例自20世纪起不断滑落。北大农村学生所占比例从三成落至一成。

差距
70年

城乡教育相差70年

来自贵州的校长郭昌举说：“我们村离县城至少差20年，县城离北京又差了50年。”譬如上学路程，小学三年级毕业时，孩子就走完25000里长征了；譬如用餐，正餐常常只有蒸玉米饭，只有家境好的学生，才舍得花5毛钱，给自己配上一包榨菜。

校车案
74%

近5年校车事故死者74%是农村学生

据了解，“黑校车”“超载校车”多集中于中西部、农村地区、城市外来人口聚集区、城乡结合部。有学者统计近5年媒体报道的74起校车安全事故数据后发现，死者有74%是农村学生；49%的校车事故发生在义务教育阶段，50%在幼儿园。

资料来源：搜狐教育2013年全国两会专题

集中于东、中部地区。国家重点大学在省际分布不均，总体呈现出东部高校多、西部高校少的格局。国家“211工程”和“985工程”院校多数集中在东部地区，这些院校获得大部分优质资源。

三是只可在户籍地高考。考生在户籍地参加高考，是中国1977年恢复高考后施行的制度。随着大量人口涌入大城市及进城务工者在异地工作的普遍，其子女的高考问题日益突出。

四是各高校在各地按名额录取，户籍不同，录取分数线不同。出现高分考生落榜，低分但“户口过硬”的考生占据有限录取名额的状况。

五是教育乱收费等腐败问题。人情、金钱、权力都可能影响到招生判断。招生名额分配的地区差异，也使城市和农村、富裕与贫困间竞争失去公平。

法国著名思想家卢梭说，教育是实现社会公平的伟大工具。教育公

□ 关于教育公平问题的调查

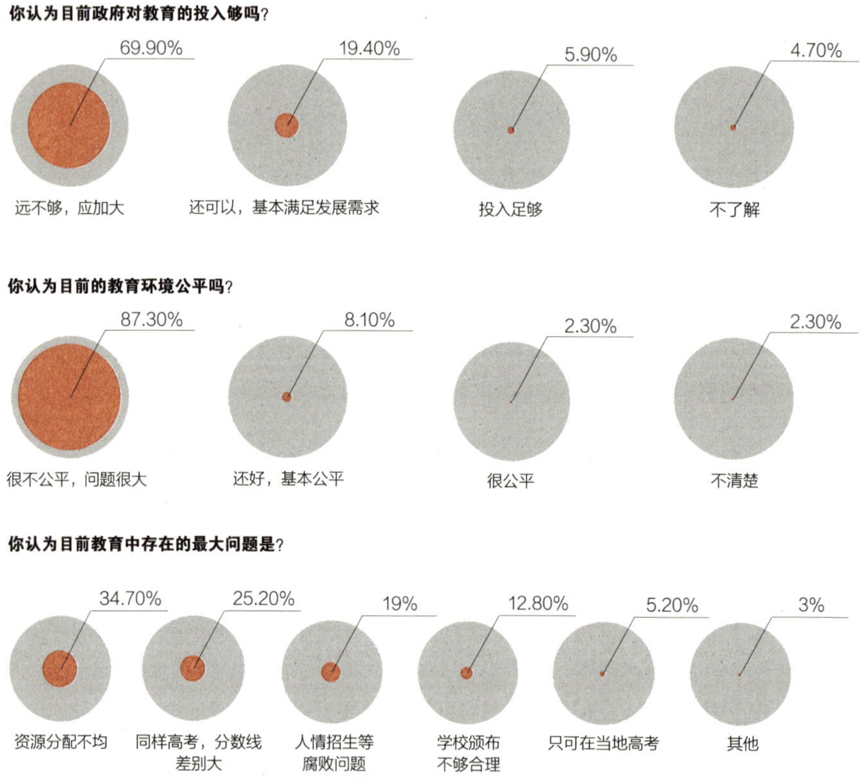

图表说明：该数据来源于新京报与新浪网联合推出的“教育公平”调查，共有3098人参与。

资料来源：《新京报》2013年3月15日

平了，社会才能公平。教育公平的缺失一方面影响着各区域的竞争力，影响着城乡差距、贫富差距的缩小；另一方面会造成农村地区学生辍学过早，导致社会结构不合理，产生很多社会矛盾，直接影响和谐社会的建设。总之，教育不公平会严重影响中国梦的实现。

病有所医

病有所医，是中国人千百年来的梦想。“让人民群众不得病、少得病、晚得病、不得大病；得病后看得上病、看得好病、看得起病，病有所医是中国卫生体制改革的两大最终目标。”这是卫生部原部长陈竺对医改宗旨的通俗解释，也是所有人的愿望。

中国医改成效为世界所瞩目

新医改启动以来，取得的成就引人注目。来自国务院医改办的数据显示，截至 2011 年年底，城乡居民参加三项基本医保人数超过 13 亿人，比改革前增加了 1.72 亿人，覆盖率达 95% 以上；与此同时，城镇居民医保和新农合政府补助标准也大幅提高，从 2008 年的每人每年 80 元提高到 2012 年的 240 元。政府在医保方面的投入占国民生产总值比重从 2009 年的 4.6% 上升到 2011 年的 5%—6%，中央投入 600 多亿元支持了 1 万多所县医院、乡镇卫生院和社区卫生服务中心的建设。基本药物制度实现基层全覆盖，取消了以药补医机制；公立医院改革也进入了全面启动县级公立医院综合改革试点的阶段。“看病难看病贵”现象得到了

□ 2013 年医保财政补助标准及人均基本公共卫生服务费变化情况

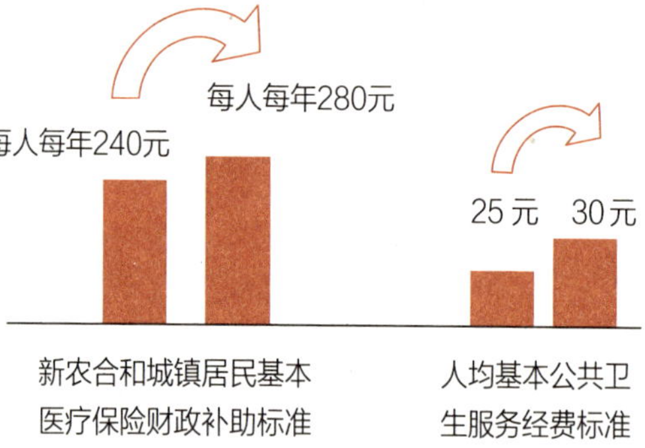

资料来源：《2013 年政府工作报告》

□ 2002—2011 年卫生总费用负担比例演变

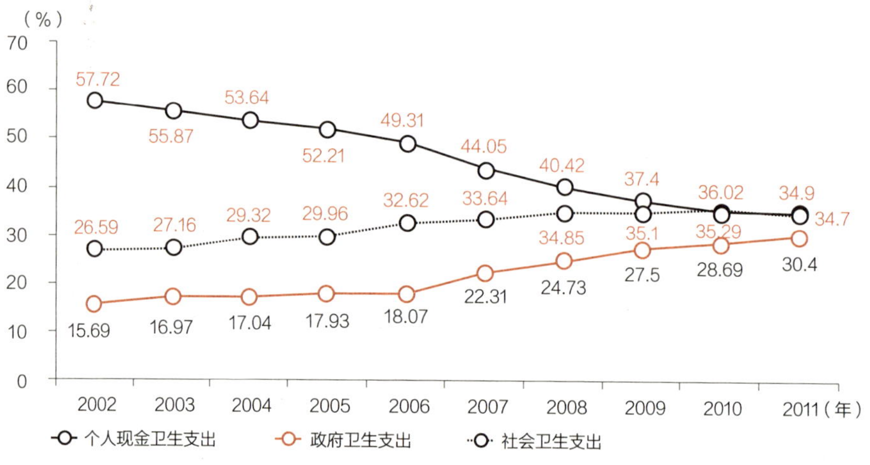

资料来源：《法制晚报》2013 年 3 月 2 日

初步缓解。随着医疗保障体系的全面建立，“病有所医”正在成为现实。

中国医改的探索取得一定成效，受到了广大群众的称赞，也得到了国际社会的关注。国家统计局 2013 年的一次民意调查显示，城乡居民对基层医改的满意度达到了 87.7%，其中农村居民满意度达到 89.1%。世界卫生组织驻华代表蓝睿明认为，虽然世界各国的卫生体系都在变革，但是中国医改的步伐超过了任何一个国家。

“最美误读”反映公众对医改的新期待

一则“先看病后付费制度将全面推行”的媒体报道引发热切关注，虽然这一消息随即遭卫生部否认，但却获得了绝大多数网友的支持响应。这则“最美误读”正反映出当前民众对医改更为深入的美好期待。

对民众来说，这确实是美好的期待，从大方向来说，医院也肯定应该往这个方向走。中国医院协会副秘书长庄一强认为，这条“乌龙新闻”

□ 2010—2011 年京沪穗三市居民认为当前看病就医存在的最大问题

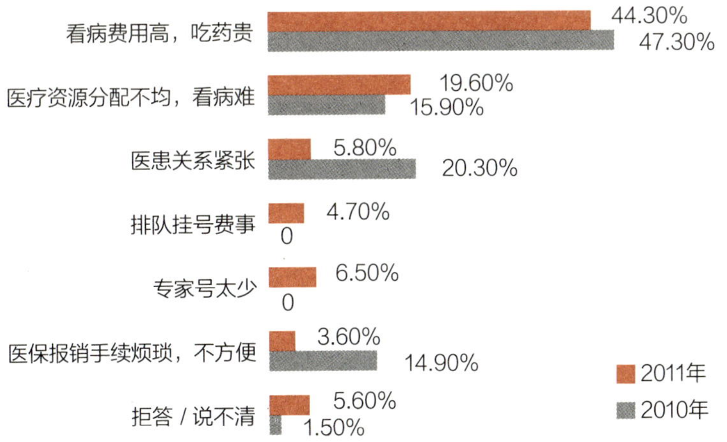

资料来源：搜狐网与零点研究咨询集团 2010—2011 年联合进行的“全国两会民生系列调查”

被辟谣的过程，恰恰折射出了当前医改存在的最严重问题——虽然“大医改”口号多次被提出，但许多地方还只是在搞“小医改”，只由卫生部门负责，财政、人社等关键部门不与卫生系统“同下一盘棋”，如果真要放开“先诊疗，后结算”，医院承担风险，政府财政又不兜底负责，自然无法打开局面。

有调查认为，公平配置医疗资源、完善的医保及医疗环境和水平、更多的医疗投入，是网友对当前中国就医环境最为期待的改变。

农村看病难还比较严重，有的就算参加了新农合，但因医疗条件较差，小病拖、大病扛现象还比较普遍。在城市，“看病难”主要表现为在大医院就诊难、住院难、挂专家号难。一个星期通宵达旦地排队挂号，专家 5 分钟就打发了。一些患者时常表达这样的不满。此外，近年来，医患纠纷多发，卫生部统计显示，从 2006 年到 2010 年，全国医疗暴力事件陡增 70%。2013 年全国影响较大的伤医暴力事件达到了 16 起。

总之，新医改成绩很大，也存在诸多难题。行百里者半九十，进入“深水区”后的新医改，更考验着改革者的决心和利益平衡的艺术。医改所取得的成绩，让百姓对医改更有信心，人们期待病有所医能够尽快完全实现。

劳有所得

收入分配是直接关系老百姓“钱袋子”的大事。“钱袋子”越鼓，人们生活越有保障；财富分得越公，人们越能心平气顺。继国家“十二五”规划提出“居民收入增长和经济发展同步、劳动报酬增长和劳动生产率提高同步”之后，党的十八大报告又提出到2020年“实现国内生产总值和城乡居民人均收入比2010年翻一番”的目标，人们憧憬着美好未来。

财富普遍增加但收入差距依然过大

改革开放以来，我们打破“大锅饭”和平均主义，逐步确立了按劳分配为主体、多种分配方式并存的分配制度。这有效地激发了社会创造活力，促进了社会财富的极大增加，人们的收入水平普遍提高。近10年来，中国不仅取消了农业税，而且不断加大涉农补贴力度，到2011年年末2000多万城市居民和5000多万农村居民有了最低生活保障。2011年，城镇居民人均可支配收入达21810元，比2002年增长1.8倍；农村居民人均纯收入达6977元，比10年前增加4355元，并出现了农村居民收入增速快于城镇居民收入增速的趋势。

□ **2003—2012年中国基尼系数变化趋势**

资料来源：新华网2013年1月18日

□ 2008—2012 年国民人均收入增幅

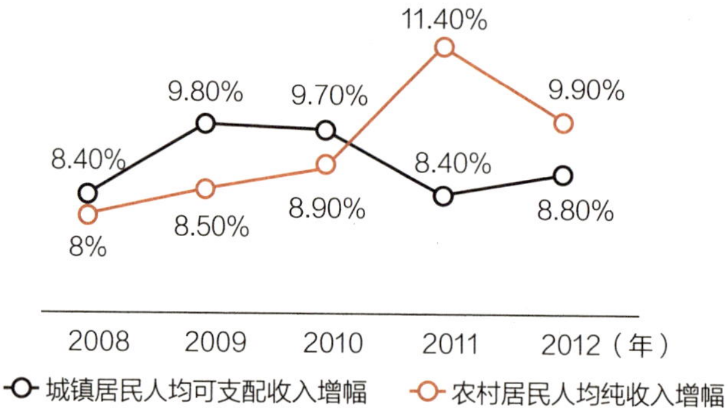

资料来源：《法制晚报》2013 年 3 月 5 日

收入提高的同时，近年来，城乡、区域、行业和社会成员之间收入差距不断扩大，分配不公问题也更加凸显出来。

人民网 2012 年 11 月 5 日发表了《收入分配制度改革刻不容缓 专家给出改革设计方案》文章指出，中国收入最高的 10% 群体和收入最低的 10% 群体的收入差距，已经从 1988 年的 7.3 倍上升到目前的 23 倍。而中国经济改革研究基金会国民经济研究所副所长王小鲁 2010 年给出的结论是，中国收入最高的 10% 家庭与收入最低的 10% 家庭的人均收入相差 65 倍。

收入分配不公引发社会不满

人们比过去富裕，为什么心里反倒更不平衡了？主要是收入分配不公造成的。

全国政协委员、华东师范大学国际金融研究所所长黄泽民表示，当前中国的收入分配是存在明显问题的。对于企业而言，国家规定了最低工资以保障雇员基本利益。但是企业中有国企和央企，在垄断性行业的国企、央企里，员工普遍收入高，领导的收入就更高了，一些老总年收

□ 关于收入分配问题的调查

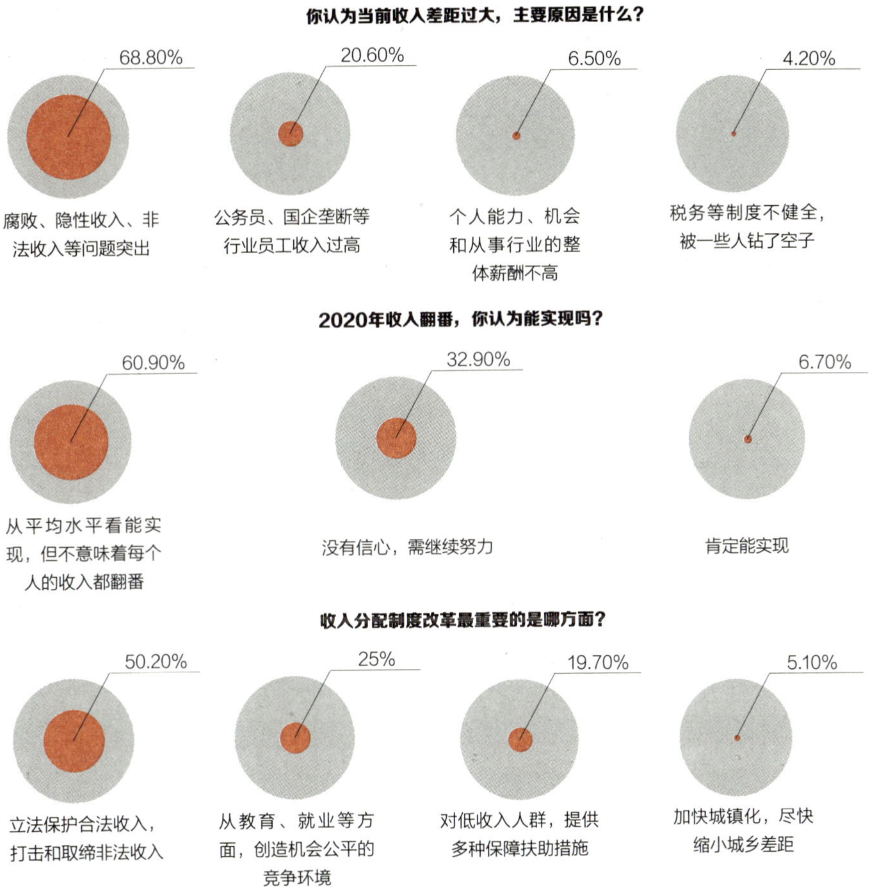

图表说明：该数据来源于新京报与新浪网联合推出的“收入分配改革”调查，共有1400人参与

资料来源：《新京报》2013年3月12日

入动辄几百万元。另外，机关和事业单位的工作人员，明文规定的工资虽然很少，但其他“隐性收入”较高。这种高收入很容易引起社会其他群体的不满。

有专家认为，收入差距的扩大与分配制度改革滞后相关。初次分配中，劳动报酬正常增长机制还没有真正建立起来，劳动者工资增长赶不上企业利润增长；二次分配中，再分配调节机制不健全，税收调节收入分配的功能尚未有效发挥；财政支出用于基本公共服务的比重偏低，均衡性转移支付比例过小；覆盖城乡居民的社会保障制度还不健全，对社会困难群体的保障力度不够，保障覆盖面窄，保障水平低；三次分配规模小，慈善捐赠的激励机制、管理机制、监督机制等还不健全。

2013年两会期间，中国青年报社会调查中心通过题客调查网和民意中国网进行的调查显示，为实现“中国梦”，52.3%的人希望政府继续缩小收入差距。经济参考报的评论指出，公众对于收入分配改革有三大期盼，一是期待从“藏富于国”到“藏富于民”；二是期待缩小贫富差距，限制垄断行业的暴利，尽快实现以家庭为单位征收个税，降低工薪阶层纳税比重；三是期待让住房、医疗、教育、社保等方面公共投入的增长速度跟上财政税收的增长速度，强力压缩“三公消费”节省行政开支，将国有企业每年上缴红利更多用于提高国民福利。

老有所养

2013年全国两会前夕，人民日报与人民网第十二次联合推出的“两会十大热点问题调查”显示，“社会保障”以18%、142501张选票高居选项热度排行榜第一位。自 2010 年“养老保险”首次成为排行第一的关注热词以来，有关社会保障的话题已经连续四年独占鳌头，这显示出，随着中国加速进入老龄化社会，人们对“老有所养”的关注度越来越高。

人口老龄化加速，养老保险支付压力大

截至 2012 年年底，中国城乡居民社会养老保险参保人数达到 4.84 亿，1.3 亿城乡老年居民领到养老金。这与此前建立的城镇职工养老保险一道，织就一张覆盖城乡的养老保障网。此外，2005 年至 2012 年，国家已连续 8 年提高企业退休人员基本养老金水平，累计月人均增加 1021 元。

随着人口老龄化加速，养老压力越来越大。第六次人口普查显示，中国大陆总人口数已达 13.39 亿，60 岁及以上人口占全国总人口的 13.26%，是世界上人口老龄化规模最大、发展速度最快的国家之一。随着计划生育这代独生子女的双亲衰老，越来越多的“4+2+1”模式家庭将面临经济上、时间上的诸多养老问题。

截至 2012 年年底，中国老年人口已达 1.93 亿，占人口总数的 14.3%。从目前来看，长期照料与护理的养老院舍保有量与巨大的需求不相匹配。养老机构的数量不够，硬件上也远远不能满足社会上养老的需求。软件方面，老人的精神需求得不到满足。

国家统计局数据显示，2012 年末全国共有养老服务机构 4.2 万个，床位 381 万张，收养各类人员 262 万人，仅占 60 岁以上老年人口的 1.9%，不仅低于发达国家 5%—7% 的水平，也低于一些发展中国家 2%—3%

□ 2007—2012 年企业退休人员基本养老金人均变化情况

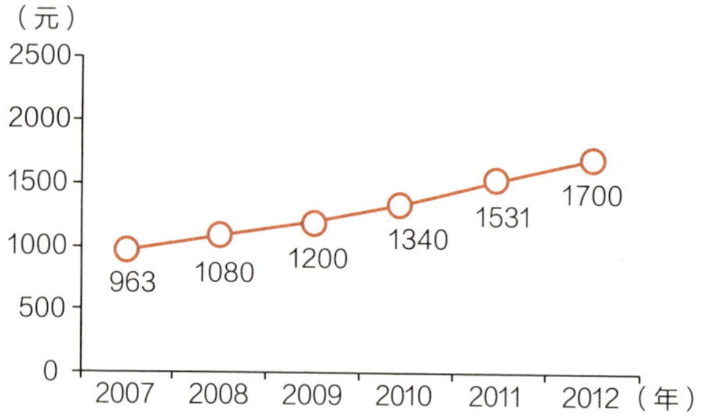

资料来源：综合人民网、新华网报道

的水平。虽然近年来民办养老设施有了相当发展，但即使像经济发达的北京市，每百名老人拥有床位也仅为1.5张。养老服务在供给不足的同时，又表现为供给相对过剩，有些养老机构设施落后，生活缺乏情趣；有些又过于奢华，收费过高，致使许多老年人望而却步，结果是本来为数不多的养老机构利用率不高。

□ 2003—2011 年参加城镇职工基本养老保险人数

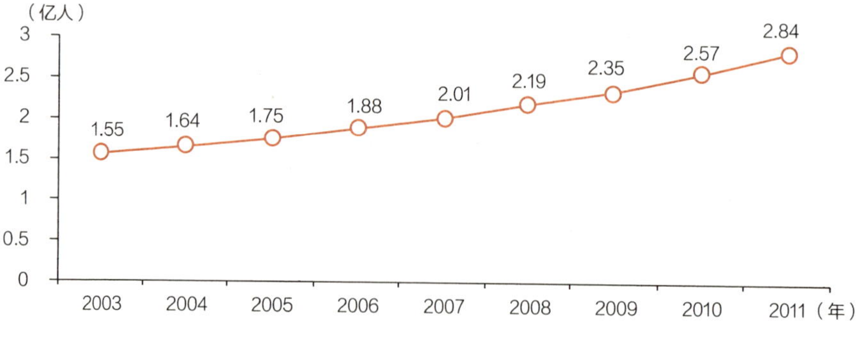

资料来源：《法制晚报》2013 年 3 月 2 日

□ 2009—2012 年老年人口增长趋势

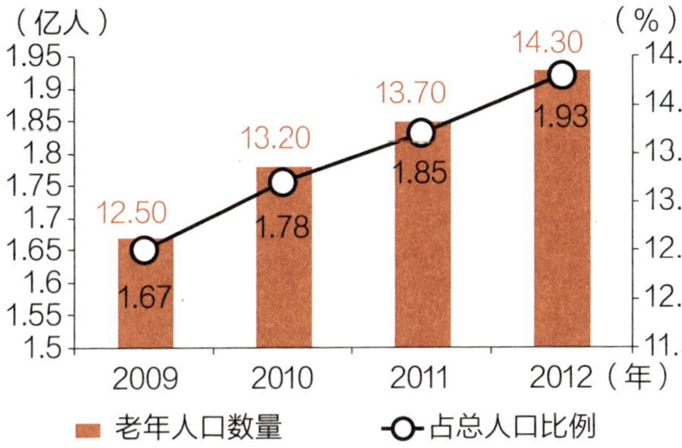

资料来源：综合新华网报道

另据中国社科院世界社保研究中心 2012 年 12 月发布的《中国养老金发展报告 2012》显示，在 32 个统筹单位中（31 个省份加上新疆兵团），2010 年有 15 个养老金收不抵支，缺口达 679 亿元；2011 年收不抵支的省份虽然减少到 14 个，但养老金收支缺口却高于 2010 年，达 766.5 亿元。

□ 2011 年 14 个地方养老金收不抵支（亿元）

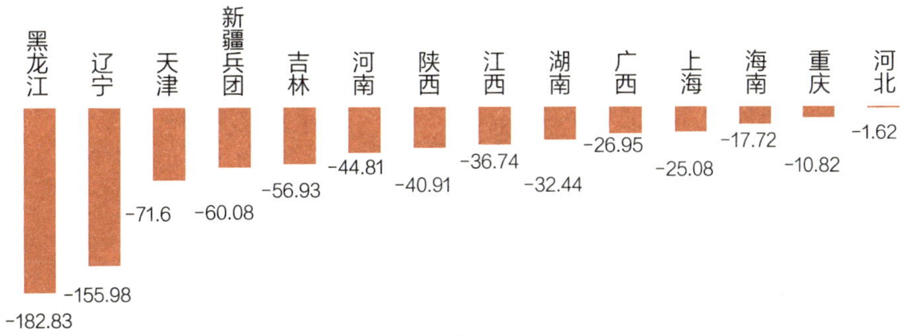

资料来源：《中国养老金发展报告 2012》

养老保障制度“碎片化”和“双轨制”凸显未来改革方向

有专家指出，中国社会保障面临诸多问题，包括社保总体水平仍然很低，社保实际覆盖率不高；群体间待遇差距大、公平性缺失；养老保险统筹层次较低，社保立法滞后，政府责任边界不明晰等。尤其是以下三个方面问题是未来社保制度改革的重点。

一是养老保险覆盖率低，并呈“碎片化”。在中国，纳入基本社会养老保险的人群只占总人口的15%，低于20%的国际最低标准。国家在设计养老保险方案时，未把机关、事业单位纳入基本养老保险社会统筹范围。机关公务员及全额财政拨款事业单位职工的养老保险仍实行国家财政统包；差额拨款和自收自支事业单位职工养老保险实行社会统筹和个人缴费；部分股份制企业、“三资”企业、私营企业以及城镇个体经济组织仍游离于基本养老保险制度之外。

二是养老保险收支严重不平衡。全国社保基金理事会党组书记戴相龙2013年4月7日在博鳌论坛上坦陈养老金确有缺口，人口老龄化将

□ 2006—2011年中国基本养老保险基金支出

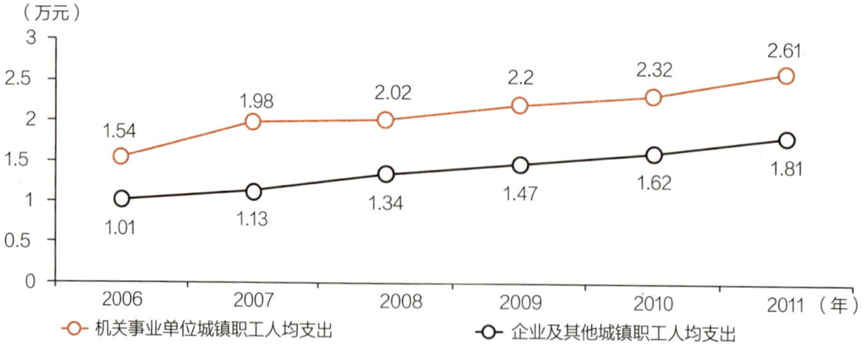

资料来源：《经济观察报》2013年4月8日

□ 关于养老问题的调查

对于养老，你最关注哪个方面的问题？

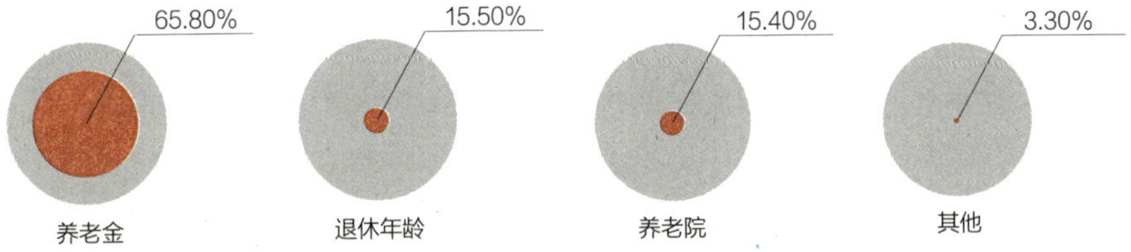

你觉得哪个群体的老人养老问题最棘手？

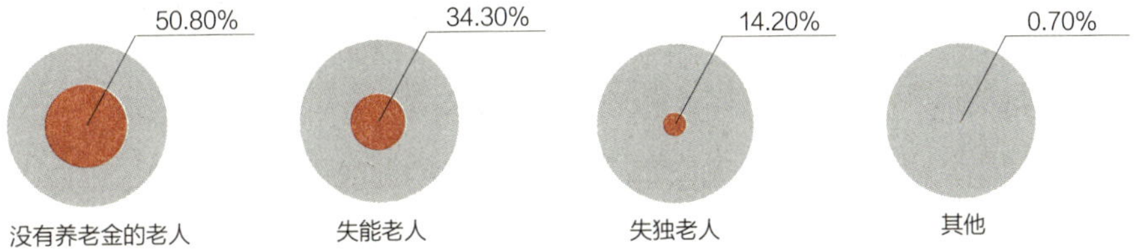

你认为自己领取的养老金与其他阶层人员领取的养老金相比，公平吗？

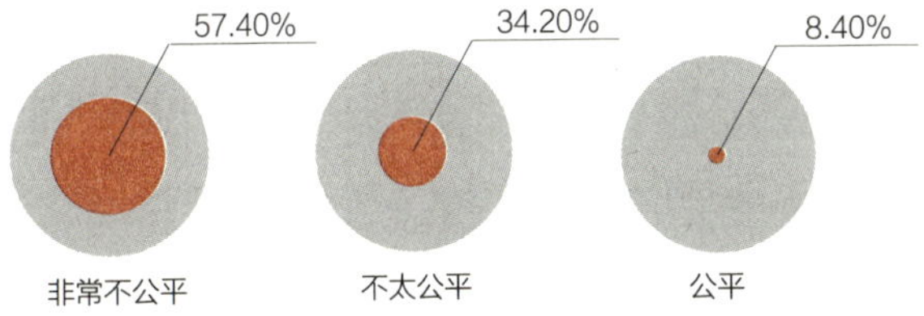

图表说明：该数据来源于新京报与新浪网联合推出的“养老困局”调查，共有 3694 人参与

资料来源：《新京报》2013 年 3 月 14 日

直接改变中国养老金缴费群体和负担群体的规模和比例，进而对养老金收支产生重要影响。现有模式显示，目前在城镇养老金体系内，大约是 3 个劳动力赡养 1 个老人；到了 2050 年，将变为 1 个劳动力赡养 1 个老人。赡养率大幅提高，而替代率又难以下降，这就会导致很大的养老金

缺口。根据测算，在未来38年内，人口因素带来的城镇企业职工基本养老金累计缺口相当于2011年GDP的57%，人口因素带来的机关事业单位养老金累计缺口相当于2011年GDP的14%。

三是养老“双轨制”带来的不公平问题。被称为“劫贫济富”的养老双轨制在中国已经实行很久，所谓养老双轨制是指企业职工实行由企业和职工本人共同缴纳的“缴费型”统筹制度，党政机关事业单位由国家财政统一拨付的制度。这两种不同的统筹发放制度使得中国养老金标准存在天壤之别。此前，中国社科院发布《2012社会保障绿皮书》和《中国社会保障收入再分配状况调查》，指出现阶段不同养老保险制度的养老金最低是200元，最高10000元，最高相差50倍，而养老“双轨制”是造成差距的重要原因。中国社科院的调查报告显示，机关事业单位只有3.8%的退休人员认为养老金不能满足需要，92.3%的机关事业单位退休人员领取的养老金高于4000元/月，无一低于2000元/月。而企业职工由于工资总额过低，养老金替代率不足20%的群体比比皆是，最低每月养老金仅为200元。

2013年政府工作报告明确提出，今年企业退休人员基本养老金继续提高10%。同时，民政部副部长窦玉沛也指出，民政部将把社会养老服务体系建设作为“十二五”工作的重中之重，到2015年，养老床位要达到每千名老人30张，城市社区养老服务覆盖率要达到100%，农村达到50%。即便有了上述政策性的保障，仍有大部分人甚至包括高薪的白领依然担心养老的问题。人民网“两会十大热点问题调查”显示，超过97%的网友表示对企业职工退休人员养老金的上调非常不满意，98%的网友认为废除企业和机关事业单位退休金双轨制的条件已经成熟，还有83%的网友表示支持弹性退休年龄。大部分网友在留言中认为，退休金双轨制有悖于社会公平原则。虽然国家已经连续9次调高企业退休人员基本养老金水平，但与公务员及事业单位退休人员的退休金相比，差距并没有明显缩小，应该尽快拿出改革养老双轨制的时间表。

专家指出，社保体系的这些问题，最后都可归结为社保资金的来源问题，即谁来支撑一个13亿人口的社保体系建设。在短期内，我们可以把社保的收支压力算在制度设计导致的转轨成本上，而在中长期内，人口老龄化将逐渐成为导致社保尤其是养老金收支缺口的更为主要的因素。所以，中国社保体系的建立和完善还任重道远。

食品安全梦

近年来，中国食品安全问题层出不穷，仅在2012年上半年就出现了诸如“毒胶囊”“果冻中添加工业明胶”“苹果套农药袋”以及屡禁不止的“地沟油”上餐桌等问题。食品安全领域出现的各类不良事件已经极大地影响了公众对于食品安全的信心。“目前老百姓对食品安全的信心降到了最低点。”全国人大代表、天津大学校长李家俊说。这并非危言耸听。2013年全国两会前夕，香港一纸“奶粉限购令”震惊了国人，庞大的境外抢购奶粉大军显示公众对国产奶粉的信心已经崩塌。又何止奶粉，“地沟油”之后不敢下馆子、瘦肉精之后不敢吃肉、塑化剂之后不敢喝饮料……一次次食品安全事件，挑战着国人对于食品安全的信心底线。民以食为天，食以安为本，“何时能放心地吃”也无奈地成了当下中国人的一个梦想。

□ 关于食品安全问题的调查

您对目前的食品安全状况信心如何

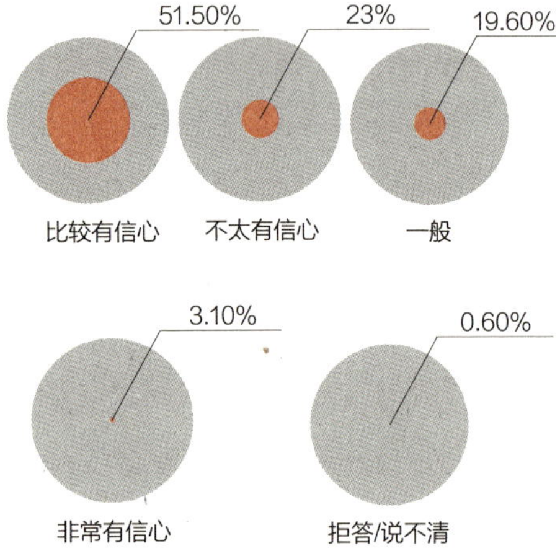

在保障食品安全问题上，您觉得哪一方的责任最重

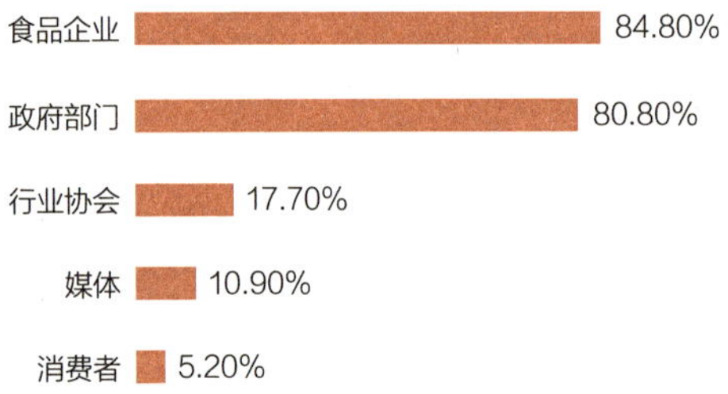

图表说明：中国经济网与零点研究咨询集团合作开展的“2012食品安全信心指数快速调查”

资料来源：中国经济网2012年6月15日

食品安全问题凸显社会诚信缺失

专家指出，近年来，中国频发食品安全事件，深究其原因，大部分都和食品生产经营者只顾眼前利益、唯利是图，全然置法律法规和群众

专栏

2012年食品案例事件盘点

◎添加剂事件：红牛添加剂事件、老酸奶事件、毒胶囊事件、毒饮料事件

◎指标超标事件：满记甜品细菌超标事件、立顿红茶被曝农药超标事件、亨氏等问题洋奶事件、酒鬼酒塑化剂超标事件

◎非法制作事件：松香鸭事件、“问题蜜饯”事件、蓝矾韭菜事件、白菜喷甲醛保鲜潜规则、药袋苹果事件、佛山调味公司工业盐水制酱油、致癌金针菇事件、长沙市场查处致癌“毒辣椒”、长沙蛙农常使用禁用药饲养牛蛙、假鸡蛋事件

◎国内外知名品牌质量事件：思念汤圆吃出创可贴、三全馒头保质期内发霉、双汇再爆“肋排门”事件、合生元儿童乳钙咀嚼片被曝含违禁物、农心方便面被指含致癌物、“速成鸡”事件

资料来源：食品科学网

生命健康于不顾，铤而走险有关。全国政协委员、民革中央副主席田惠光说：“当前相当一部分食品生产经营者道德滑坡、诚信缺失，这也折射出中国食品安全诚信体系建设相对滞后。”

食品安全事件的特点体现在：一是涉及面特别广。有调查显示，全国31个省市区无一没有发生过食品安全事件。二是手段特别恶劣。人造的鸡蛋，塑料造的银鱼，糖水变的蜂蜜，猪肉变的牛肉……哪里有利益，哪里就有动力。三是危害特别巨大。如果所有的造假食品都如同假蜂蜜一般以糖水假冒蜂蜜，那也就罢了，顶多是多花了几个冤枉钱，吃下去对身体并无大碍。但问题在于，对于其他大多数食品而言，要想假

冒得逼真，掺的添加物多半对人体有害，长期食用，恐造成不可估量的后果。四是查处特别困难。当下是食品安全的乱世之秋，治乱世当用重典，然而现实是一方面对违规企业的惩罚手段过于温柔，另一方面造假的利益驱动特别大，在这种背景下要根治食品安全问题相当困难。

从各种媒体报道中不难看出，威胁食品安全的原因来自于不法企业的生产、不法商家的销售、监管的不力、处罚的轻飘，乃至消费者对食品安全知识的不了解，等等。其中，最为突出的症结是食品安全工作的多头、分段管理。分段监管各环节之间难免存在中空地带，尤其食品产业生产到销售的链条较长，一旦出现问题，多部门之间协调处理非常耗费时力，监管不到位、“踢皮球”现象也难免发生。分散在多个部门的食品安全监管职能，备受各界诟病。2013 年全国两会通过机构改革方案，进一步深化食品安全监管体制，人们对“舌尖上”的安全充满期待。

从“吃得饱”到“吃安心”

食品的安全关系到人民群众的身体健康和生命安全，是重大的民生问题。2013 年全国两会上，有人大代表提到，希望国产食品能够代表安全、新鲜、放心和品质。国产奶粉、国产饼干、国产面粉等一系列舌尖上的食品成为国人的第一选购品。的确，这也是 13 亿中国人民深藏心底的中国梦。

国务院总理李克强 2013 年 3 月 17 日在人民大会堂金色大厅与中外记者见面回答法国《费加罗报》记者关于食品安全的问题时表示：“食品安全，那可以说是天大的事，直接关系到人们的生活质量和身体健康。”

他指出，政府应该对假冒伪劣和黑心食品坚决进行查处，并且让不法分子付出昂贵的代价。

放心的一日三餐是公众生活中最基本的需求，食品安全对老百姓来说并不是比以前吃得好一点而已，对中国到2020年建成小康社会来说更是“天大的事”，这关系到人民的幸福指数，关系到人民的健康生活。有再大的困难，也要下功夫实现这个梦想。

美丽中国梦

2013年全国两会期间，全国人大代表孙维说：“两会民众关注度环保首当其冲，我认为‘中国梦’必须包含天更蓝、水更清、山更绿、鸟更多、花更美。”前不久很多地方都遭遇了严重雾霾天气，反映了当前资源约束趋紧、环境污染严重、生态系统退化的严峻现实。环境保护问题已经迫在眉睫。蓝天、白云、青山、绿水已成为国人最渴望实现的图景。

空气、水、土壤全都受到严重污染

在经济快速发展的同时，生态环境也一直在恶化，只是与GDP的增速相比，环境保护未能引起足够重视。近年来，PM2.5数度爆表、水污染事件频发、公益人士制作的“中国癌症村地图”在互联网上热传，渴望呼吸新鲜空气、喝到干净的水竟也成为人们最盼望实现的梦想之一。

2013年1月，中国中东部的大部分地区被雾霾笼罩。雾霾天气导致

□ 2002—2011 年环保投资总量及占 GDP 比例

资料来源：《新京报》2013 年 3 月 13 日、《中国统计年鉴 2012》

道路管制、企业停工、机场关闭、港口停运，市民的工作生活也受到了很大影响。据统计，在 1 月份的 31 天中，北京仅 5 天没有雾霾。在雾霾天气最严重时，全国有 140 多万平方公里被雾霾笼罩，8 亿以上人口受到影响。

2012 年 12 月 18 日，北京大学公共卫生学院发布《危险的呼吸——PM2.5 的健康危害和经济损失评估研究》，此报告是国内第一份针对不同城市计算 PM2.5 造成的过早死亡人数、健康危害和经济负担的研究报告。该报告指出，在现有的空气质量下，2012 年北京、上海、广州、西安四城市因 PM2.5 污染造成的早死人数高达 8572 人，经济损失高达 68.2 亿元。同时，《迈向环境可持续的未来——中华人民共和国环境分析》报告也指出，中国的空气污染每年造成的经济损失，基于疾病成本估算相当于国内生产总值的 1.2%，基于支付意愿估算则高达 3.8%。该报告指出，中国最大的 500 个城市中，只有不到 1% 的城市达到了世界卫生组织推荐的空气质量标准，世界上污染最严重的 10 个城市有 7 个在中国。

□ 2005—2010 年突发环境事件次数及损失

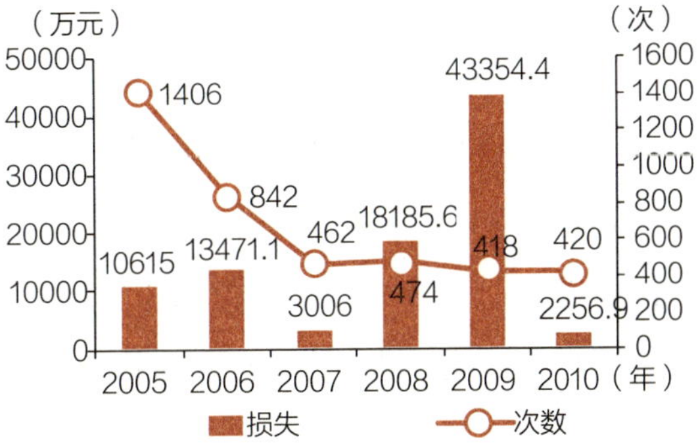

资料来源：《新京报》2013 年 3 月 13 日、《中国统计年鉴 2012》

2013 年年初山东潍坊被疑有企业往深层地下排污的消息，再次引发了公众对地下水现状的关注和忧虑。环保部数据表明，中国一半城市市区地下水污染严重，57% 的地下水监测点位水质较差甚至极差；2011 年上半年，七大水系除长江、珠江水质状况良好外，海河劣 V 类水质断面比例超过 40%，为重度污染，其余河流均为中度或轻度污染；90% 城市河段受到不同程度污染，近 2 亿农村人口喝不上符合标准的饮用水。

另据媒体报道，2006 年开始，原国家环保总局（现环保部）和国土资源部联合启动了一项关于全国土壤污染状况及预防措施的调查，环保部曾表示，一旦结果出来，“将第一时间向新闻媒体公布”。两年前，这场被称为中国有史以来最大、最全面的土壤污染调查终于完成，各界翘首期盼。但 2013 年 2 月，环保部却以“国家秘密”为由，拒绝了北京律师关于“全国土壤污染状况调查方法和数据信息”的公开申请。而一份由公益人士制作的“中国癌症村地图”在互联网上引起关注，村子数量被认为超过 200 个。环保部 2013 年 2 月 20 日发布的《化学品环境风险防控“十二五”规划》也称，个别地方因环境污染出现癌症村。

不能要 GDP 不要环境

自从雾霾肆虐以来，关于其产生的原因一直众说纷纭。环保部副部长吴晓青在 2013 年两会期间说，主要是中国快速工业化、城镇化过程中所积累的环境问题的显现。高耗能、高排放、重污染、产能过剩、布局不合理、能源消耗过大和以煤为主的能源结构持续强化，城市机动车保有量的快速增长，污染排放量的大幅增加，建筑工地遍地开花，污染控制力度不够。

而关于水污染出现的原因，曾获得七部委联合主办的“绿色中国年度人物”奖项的北京公众环境研究中心负责人马军分析认为，饮用水源地一般在河流上游的欠发达地区，这些地区往往渴望高额投资拉动经济发展，导致矿山开采和冶炼、石化和化工等高污染行业“遍地开花”，管理粗放、执法不严，导致水源污染物排放总量远远超过环境容量。

十八大报告中提到，把生态文明建设放在突出地位，融入经济建设、政治建设、文化建设、社会建设各方面和全过程，努力建设美丽中国，实现中华民族永续发展。2013 年全国两会人大各代表团、政协各专委会提交的议案和提案中，有关环保的内容占了很大比例。据透露，仅有关自然保护地立法的内容，全国就有 13 个省的接近 400 位代表、委员提出了相关议案和提案，致公党中央等还提交了团体提案。

公众与环境研究中心主任马军认为，从 2013 年到 2023 年，是中国环保工作最为关键的 10 年。我们将要经历工业化和城镇化最后一个高潮，这意味着环保的压力会史无前例地加剧，民众要求解决环境问题的呼声也将史无前例地迫切。另外，对已然千疮百孔的河流、土壤、大气、生态系统以及有限的资源能源而言，守住这 10 年，或许以后一切还有修复修整的机会；而一旦失守，我们也许真的要面临一场生态灾难了。

□ 关于环境问题的调查

你对你自己所在地区的空气质量是否满意？

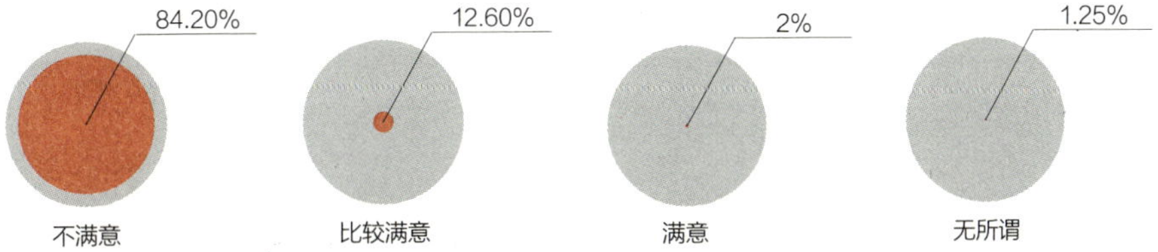

你是否关注PM2.5数据？

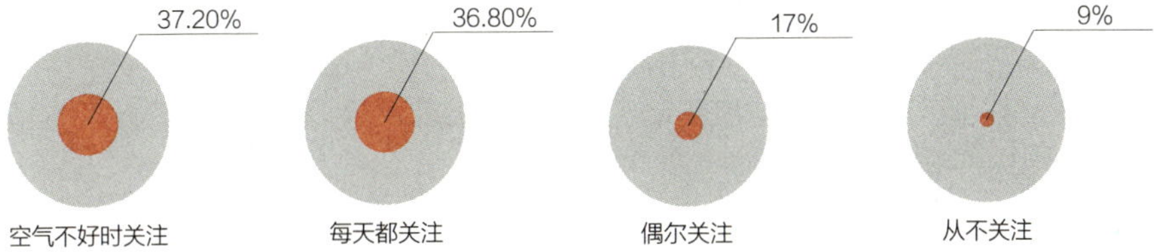

你认为遏制环境污染最需要的是什么？

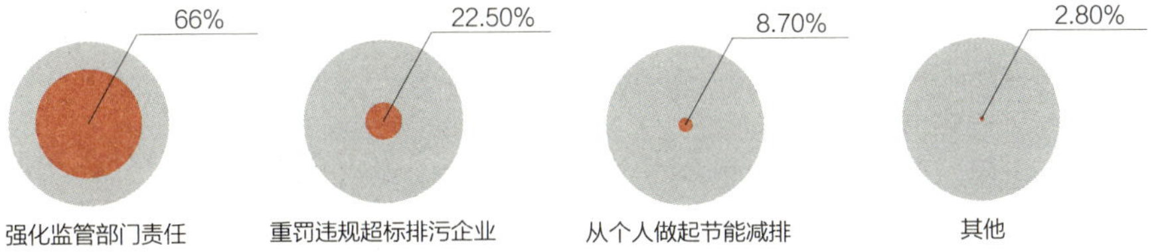

图表说明：数据来源于新京报与新浪网联合推出的环境治理调查

资料来源：《新京报》2013年3月13日

“放眼望，头上蓝天白云，山上绿树成荫，水中鱼儿嬉戏，湿地候鸟群集，城镇布局合理，大地繁花似锦，麦浪稻波万千重，水丰草茂牛羊肥。利用光伏发电和风能发电抽取深层地下水灌溉，沙漠变成了绿洲。利用太阳能、风能和潮汐能发电以海水为原料制作淡水，北方不再缺水。人工驱云降雨化解了干旱。科学统筹整治江河湖海使洪水不再泛滥。环境综合治理，气候风调雨顺。”这是一位网友描绘的美丽中国画卷。中国社科院城市发展与环境研究所所长潘家华说，这个中国梦的抓手就是生态文明建设。中国人已经意识到这一点，我们不会再采用美国人那种生产模式和消费模式，“炫耀性消费”是不可持续的。中国人将要采用生态文明的理念来实现人与自然的和谐，讲求生活的品质，而不是追求生活物质的数量。潘家华认为，十八大以后，生态文明建设将会成为新时期统领社会经济发展的纲领性理念和行动，而不只是口号。

自主创业梦

就业是收入之源、生活之本；而创业是很多人期盼的富裕之道、成功之路。根据自己的兴趣、专长和资源，努力创造属于自己的事业，事业无所谓大小，但或者可以带来自由和自主的生活，或者可以让人获得成就感和社会认同，或者可以从中体验到奋斗和进取的快乐。市场经济的确立，国家对创业的支持和鼓励，孕育了众多创业梦想者。毕业后创业、白手起家、赚钱致富……一直是很多人追求的梦想。如何改善创业环境，改善社会风气，让创业不再是场大冒险，吸引更多的年轻人投身创业和创新，关乎整个中国经济的活力和可持续发展，也关乎每个国人人生价值和创业梦想的实现。

创业活动“量高质低”

改革开放以来，中国人的自主创业经历了三次高潮。20世纪80年代，个体经营开始放开，乡镇企业迅速崛起；90 年代，干部下海经商办企业，一批农民工返乡创业；2000 年后，下岗失业人员自主创业，大学生毕业创业和留学归国人员创业形成了新的自主创业高潮。

2013 年 1 月，清华大学中国创业研究中心、清华大学科技园发布了《全球创业观察中国报告（2002—2012）》。报告指出，2002—2012 年是中国最好的创业时期，在这 10 年里，中国的创业活动日益活跃，创业环境缓慢改善，创业机会变多，尤其是高学历创业者的创业效应显著。报告显示，在参与全球创业观察的 60 多个国家和地区中，中国的创业排名已从 2002 年的 11 名提升到第 2 名，成为全球创业活动最活跃的地方之一。

人力资源与社会保障部原副部长、中国就业促进会会长张小建认为，自主创业是中国扩大就业一条重要的渠道，也是新时期推进充分就业的主要动力，开创了中国就业新的格局。同时，自主创业能够从根本上转变公民就业观念，有利于带动中国就业格局产生重大的变化。

清华大学经济管理学院副院长、中国创业研究中心主任高建指出，过去 10 年间中国创业活动有四项变化和四项特征。四项变化是：创业活跃程度日益提高，全员创业活动指数（早期创业活动指数）从 2001 年的 12.3% 增加到 2011 年的 24%，表明中国有更多的创业企业出现和更多的人参与到创业活动中去；创业转型基本完成，创业者的创业动机从生存型为主导转变为以机会型为主导，发生转型的条件之一是 2002—2011 年间，创业者中“掌握创业知识和技能”的人数在逐步提高，创业机会在逐渐增加；创业环境在缓慢改善，创业机会变多；高学历创业者的创业效应显著。同时，在现阶段，中国创业活动虽然以机会型创业为主，但是创业活动的整体质量不高。创新对创业企业的贡献率依然有限，高学历创业者比例在全球排名中依然落后，创业活动国际导向程度低，

□ 关于创业问题的调查

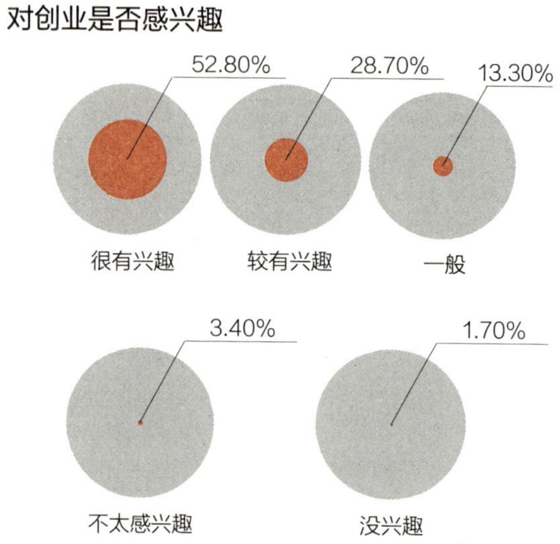

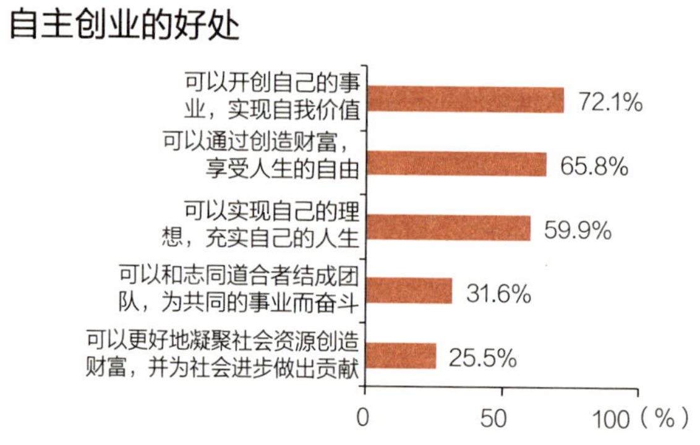

图表说明：数据来源于《大学生创业调研报告》

资料来源：中国青年网2011年3月9日

区域创业活动差距大。创业活动较多地集中于低技术行业，以利用劳动力成本优势为主，尽管能够创造一定的就业机会，但对长期经济增长和出口的贡献相对不足。

改善创业环境才能让梦想翱翔

虽然社会上创业热情高涨，但正如前所述，中国创业活动整体质量还不高，一个突出表现是创业成功率低。大学毕业生、留学归国人员和返乡农民工等是当前中国自主创业的主要群体。麦可思研究院撰写的《2012 年中国大学生就业报告》蓝皮书显示，全国 2011 届大学毕业生自主创业比例仅为 1.6%，而欧美国家则达到 20% 至 30%。中国社会科学院人口与劳动经济研究所人力资源研究室主任高文书 2013 年 3 月 31 日在《人民日报》上发表文章指出，中国留学归国人员 2008 年只有 5 万人，2009 年突破 10 万人，2011 年近 19 万人，2013 年达 35.35 万人，创历史新高。在留学归国人员中，自主创业者占 15%。在返乡农民工中，有创业意愿的占到两成以上。但与欧美等国家的自主创业比例相比较，中国自主创业仍发展缓慢。

为什么自主创业的比例偏少？专家分析，一是国民创业意识较弱，创业者比例偏低。有调查显示，八成以上的家长希望子女能够成为官员，

□ 2008—2011 年大学生自主创业比例趋势图

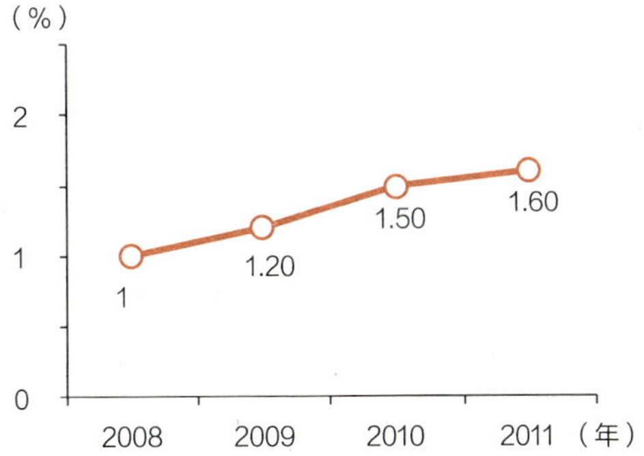

资料来源：综合新华网、中国教育在线报道

近七成的家长不赞成子女创业，希望子女自主创业的不足3%。

二是创业资金难筹集，这也是创业过程中的最大难题。中国青年报社会调查中心与新浪网2012年4月联合开展的调查显示，对于大学生自主创业中遇到的主要困难，有79.1%的网民认为是“缺少资金，融资困难”，61.2%的网民认为是“缺乏企业管理经验”，52.0%的人表示是“市场推广困难”，还有24.9%的人认为是“团队的合作和协调”的问题。

三是一些政府部门行政效率较低，创业优惠政策难以有效落实；创办企业注册审批程序复杂、门槛高，阻碍了创业的发展；优惠政策落实不到位，一些地方政府和相关部门在执行过程中落实不够，未能为创业者提供足够帮助。2011年世界银行集团发布的一份报告显示：在中国内地开办一个企业，平均要办理10个部门的14道手续、经过近两个月时间才能具备合法开业条件。而2012年12月31日《北京青年报》的调查同样发现，在国内注册公司如果走正常流程，大概要经过十多个步骤，需要准备各种证明、资料，再加上政府相关部门的审批，有的创业者光是注册公司就拖了几个月之久，表格要填40多张。这足以显示出一些政府部门行政效率较低，创办企业注册审批程序复杂、门槛高，阻碍了创业的积极性。另外，高税费、吃拿卡要等现象的存在，也是影响创业者创业的一大制约因素。在现实公共服务生态中，“脸难看，事难办”，刁难商户与企业，逼商户与企业送礼、请客、公关的职能部门仍不少见。

创业者对国家政策变化，经济形势发展有最切身的体会。他们对创业活动的思考和对改善创业环境的期待，折射出一代创业人的梦想和希望。新一届政府已经明确提出要简政放权，加快改革，以改革的红利、内需的潜力和创新的活力打造中国经济升级版，更多的创业者也期望在这个过程中圆自己的梦。

清廉中国梦

2012年以来，“表哥”“房姐”相继被查处，显示了网络时代反腐的新威力；新一届中央领导“‘老虎’‘苍蝇’一起打”的给力表述，“踏石留印、抓铁有痕”的决心，加强“裸官”监管的指向，让人们感受到新一轮反腐风暴势头正劲。党的十八大提出的“干部清正、政府清廉、政治清明”亦成为广大人民群众的热烈期盼。

反腐保持高压态势但腐败模式渐趋多样

2012年11月4日，新华社发表长篇通讯，就中国共产党自2002年11月十六大闭幕以来10年的反腐倡廉成果做了盘点。文章称，10年来，中国共产党坚决查处了薄熙来、陈良宇、刘志军、杜世成、郑筱萸、陈绍基、王华元、黄松有、王益、康日新、黄瑶、许宗衡等一批大案要案；保障了4万亿投资、北京奥运会、上海世博会、广州亚运会、抗灾救灾和灾后恢复重建等中央重大决策部署的贯彻落实；并着力解决征地拆迁、食品药品安全、医疗教育乱收费等侵害群众利益的突出问题，扎实推进工程建设领域突出问题、“小金库”、党政机关公务用车等专项治理。另据《中国纪检监察报》报道，2007年11月至2012年6月，全国纪检监察机关共处分县处级以上干部22807人，移送司法机关的县处级以上干部3923人。

近几年来，在党中央、国务院坚强有力的领导下，反腐败工作从侧重治标转向标本兼治逐步加大治本力度，取得新的明显成效，党政机关和干部队伍中腐败现象蔓延的势头不同程度地得到遏制，有力地维护了

□ 全国纪检监察机关查处情况

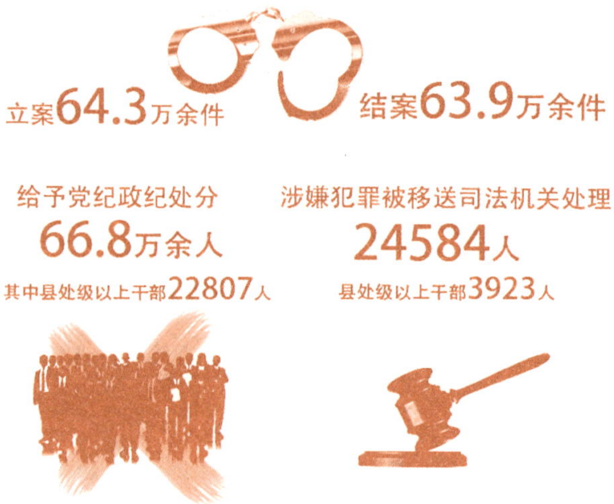

资料来源：《南方周末》2012年11月6日

改革、发展和稳定的大局。但是，有些领域、有些地方、有些单位腐败现象仍很严重，反腐败工作的形势依然比较严峻。

首先，人事权、财政权和审批权等权力运行中的腐败问题相对集中、多发。行政审批领域中出现的权力商品化、权力私有化、权力官僚化、权力特殊化，干部人事工作中的跑官、骗官、买官、卖官等腐败行为，成为诱发其他腐败现象的直接根源。

其次，腐败行为出现了组织化和集体化的势头。现阶段腐败现象的一个突出特点就是由个人腐败向团伙和集体腐败发展。有组织的团伙性腐败活动，在一些地方和部门成为腐败活动的重要特征和表现形式。在一些腐败案件中，往往涉及几个、几十个，甚至上百个腐败分子，并发为大案要案，涉案金额越来越大，给国家和集体造成的损失也越来越大。

再次，伴随改革的深入，一些地方出现了一些手段更为隐蔽的新的腐败问题。一些腐败分子对中国现行的有关政策、法规、规章的漏洞和薄弱环节了然于胸，通过钻空子、打“擦边球”，既捞取腐败利益，又逃避惩罚。在政府采购、招投标等改革过程中，由于缺少规范的反腐败措施，也出现了一些新的腐败行为。例如土地使用权出让中的暗透标底、假公开和暗箱操作，建筑工程招投标中的明招暗定，政府集中采购中缺少监督制约等问题。

通过“把权力关进制度的笼子里”建设清廉中国

干部清正、政府清廉、政治清明，这一非常响亮的新观点、新目标写入党的十八大报告，体现了党从更高的站位、更宽的视野，对反腐倡廉建设提出了更高的要求。而在这之前，“三清”已经写入中国共产党第十七届中央纪律检查委员会第八次全体会议公报。十八大报告和中纪委公报同提“三清”，并不是偶然，而是一种反腐的必然，释放了深刻的信号。

在人民日报和人民网联合举办的“两会人们最关注什么”网络调查中，反腐败连续多年排名第一。毋庸讳言，如果腐败得不到有效惩治，党就会丧失人民的信任和支持，而只有始终反腐倡廉，才能永葆党的先进性，也才能更好地契合民众期待，干部清正、政府清廉、政治清明才不会只是奢侈想象。

当前，人们更期待的是制度层面的新进展，如何建立反腐倡廉的长效机制，如何加强对权力监督制约，如何真正把权力关进“笼子”里。全国政协委员、陕西省人民检察院副检察长巩富文建议，国家应加强和加快反腐败立法。要从腐败预防、惩治、监察三个方面立法，建设完善

□ 人民群众认为消极腐败现象得到不同程度遏制的比例

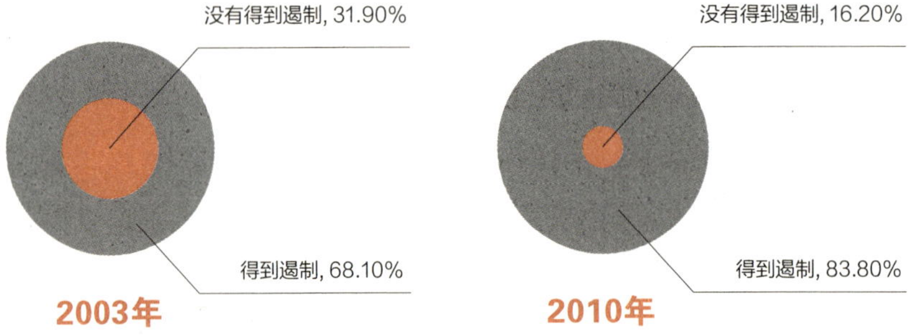

资料来源：《南方周末》2012 年 11 月 6 日

的打击腐败法律体系，从法律层面有效杜绝和打击职务犯罪及腐败行为。在预防腐败犯罪方面，除了已颁行的行政许可法、公务员法之外，巩富文建议应尽早制定出台行政组织法、行政程序法、国家公务员从政道德

□ 未来 10 年影响中国稳步发展的最大威胁是什么

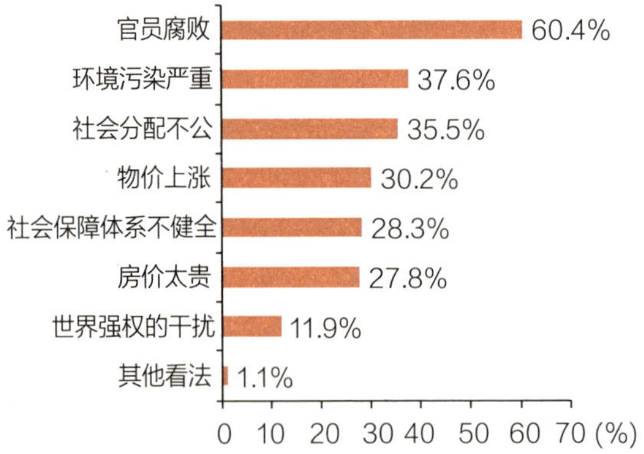

图表说明：数据来源于《环球时报》旗下环球舆情调查中心于 2013 年 1 月 27 日至 2 月 2 日在中国 7 座城市展开的民意调查

资料来源：《环球时报》2013 年 2 月 5 日

法，以规范政府机关和公务人员的职责、日常行为；在惩治方面，他建议制定反贪污贿赂法、反挥霍浪费法、司法责任法三部法律，规范惩治贪污贿赂犯罪刑事诉讼程序等规定；在廉政监察立法方面，急需制定颁布监督法、举报法、申诉法等法律，明确监督主体和监督举报行为保护等法律责任和义务。

“我期盼着反腐‘集结号’越来越凌厉，让贪官们闻风丧胆；但我更期盼反腐败不是一次集结，而是永久的‘零容忍’。我希望反腐不仅要打苍蝇，更要打老虎；不仅要惩处已经浮出水面的贪官，也要挖出那些藏得比较深的贪官；不仅要在一段时间集中力量打击腐败，而且要实现打击腐败的常态化，实现有腐必反。”网友的反腐愿望也代表了广大人民群众的心声。

自由迁徙梦

2013 年 3 月 5 日，温家宝在十二届全国人大一次会议上做政府工作报告时强调，要为人们“自由迁徙”“安居乐业”创造公平的制度环境。这是“自由迁徙”这个词首次被写入政府工作报告，引起了社会的广泛关注和讨论。中共中央党校党史教研部教授、户籍改革研究专家王海光说，宪法规定的公民自由权包含了两层意思：一是居住自由，二是迁徙自由。只有实现了居住和迁徙自由的统一，人的权利才算是完整的，“期待‘自由迁徙权’入宪，还公民的基本权利”。这是国人尤其是两亿多流动人口的最大梦想之一。

城乡二元结构导致两亿多农民工不能融入城市

改革开放以来，随着中国工业化、城镇化进程加快，越来越多的农村富余劳动力转移到城镇就业，从而形成了一个特殊的社会群体——农民工。农民工是中国特有的城乡二元结构的产物。农民工进城不仅是农村人口在空间上移居城市，更是个人从农村人向城市人的转变过程。在这个过程中，出现了诸多问题，如工资偏低，拖欠工资现象严重；劳动时间长，安全条件差；缺乏社会保障，职业病和工伤事故多；培训就业、子女上学、生活居住、婚恋生育等。这些问题引发了不少社会矛盾和纠纷，也引起了社会各方面的广泛关注。

全国人大代表、民建中央副主席、经济学家辜胜阻说，当前中国城镇化率已超过 52%，但是中国还有约 2.7 亿人仍然是“就业在城市，户籍在农村；劳力在城市，家属在农村；收入在城市，积累在农村；生活在城市，根基在农村”，形成了“半城镇化”现象。

消除户籍障碍让农民工市民梦不再遥远

全国政协委员、中国（海南）改革发展研究院院长迟福林指出，自由迁徙已是中国大规模城镇化进程中的现实，农民工虽然实现了自由迁徙，但没有享受到公平的待遇，背后是制度问题。户籍制度是自由迁徙的第一道障碍。而附着在户籍制度上的社保、教育、医疗等基本公共服务，以及城乡分割的社会管理体制是更深的鸿沟。

1954 年宪法曾明确规定，公民有居住和迁徙的自由。但几年后正式实行的户籍制度以及依附其上的供给、福利制度，阻断了人们的迁徙之路。户籍改革看似简单，但要落实与城市户口相挂钩的利益却很难。中国社科院农村发展研究所宏观室主任党国英表示，户籍改革之所以难以推行，是因为城里的福利政策太多了，且继续和居民户籍密切相关，进城的农民很难同步获得社保、就业、教育的机会。资料显示，全国2亿多进城农民工中只有200万左右通过买房、结婚等方式获得城镇户口。城市空间扩张过快，而农村人口由于户籍、购买力等限制，被拒于城市

□ 北京户口相对于外地户籍所隐藏的主要福利

项目	外地户籍待遇	北京户籍待遇
9年义务教育	目前农民工子弟学校小学600元/学期、中学1000元/学期，9年义务教育需缴纳13200元	学费全免，可节省约13200元
“一老一小”医保	上医院几乎全自付	每年交100元就可以获得最高17万元的大病医疗保障
失业补助	无法获取	按10年每年失业2个月计算，将获12000多元补助
住房	无法申请经济适用房、廉租房	假设可申请到一套90平方米的经济适用房，价格约为1万元/每平方米，按北京五环路内房屋均价接近2万元/平方米，市场价与购房价差价近100万元
高考	无法在北京参加高考，且要上北京的大学录取分数普遍要比北京户籍高出数十分。以河南为例，2009年，河南与北京的“一本”高考分数录取线文科相差20分，理科相差60分	考取北大、清华等名牌大学概率较外地户籍学生高出数十倍，北大、清华等一流院校每年在北京的招生指标有数百个，在全国除上海外其他省市的招生指标不过数十人
工作	在部分招聘中受歧视	部分央企、大多北京市属企事业单位招聘要求北京户口
养老补贴	无法享受	60岁以上老人，每人每月享受补贴60元至200元不等，乘车、进公园享受半价或免票待遇

资料来源：《中国经营报》2013年3月4日

大门之外，不能享受城市居民同等待遇，也使得当前的城市化难以如预想中一样拉动消费和内需。在2013年博鳌论坛上，知名经济学者胡祖六语惊四座：“户口制导致‘二等公民’，只有奴隶制可相比，没什么好改革的，就是应该取消。”

“推进城镇化，核心是人的城镇化，关键是提高城镇化质量，目的是造福百姓和富裕农民。要走集约、节能、生态的新路子，着力提高内在承载力，不能人为‘造城’，要实现产业发展和城镇建设融合，让农民工逐步融入城镇。要为农业现代化创造条件、提供市场，实现新型城镇化和农业现代化相辅相成。”这是2013年1月15日，李克强在国家粮食局科学研究院考察调研时指出的。

对于2亿多城镇流动人口来说，新型城镇化的目标就是真正融入城市、享受均等化公共服务。流动人口市民化是实现公共服务均等化的前提，公共服务均等化是流动人口市民化的重要体现。公共服务均等化，意在使流动人口及其家庭可以享受与城市户籍居民身份统一、权利一致、地位平等的公共服务和权益保护，其中，重点包括住房保障、子女教育、医疗保障及社会保障等。在新型城镇化战略全面推开后，流动人口的这些梦想能否实现?

改革新政与民享

P e o p l e   C o n d i t i o n s

城市治理：开放式决策推动公众参与

自厦门 PX 事件以来，许多重大项目都因当地居民反对而下马。2012 年，四川什邡钼铜项目以及宁波镇海 PX 项目等所引发的群体性事件轰动全国；2013 年，在江苏扬州、云南昆明、四川彭州等地又发生当地居民反对重化工项目上马的群体性事件。公众担心重化工项目的环境风险，政府和企业则力证其安全。上马还是暂停，成了一个谁也说服不了谁的问题。而公众激烈表达的背后，实际上是未被尊重的权利、未被满足的诉求，是没有被听见的声音、没有被看见的情绪。正如《人民日报》所指出的，如果地方政府能转变危机应对的思维，在项目上马之前，积极搭建政府、民众、企业三方对话的平台，进而实现政府了解民意、企业尊重民意、民众理解政府企业行为的良性局面，则有希望做到化潜在危机于无形，最终履行好发展与稳定两个大局兼顾的管理者职责。在这方面，一些地方近年来做了一些探索，但还没有建立起制度化吸纳民意的渠道，没有形成公众参与决策的制度化平台。而 2013 年以来，四川、广州和南京分别出台地方规定，试图将公众参与的开放式决策方式制度化，展现了十八大后城市公共治理的新思维。

四川“开放式决策”推动公众参与公共事务

2013年2月25日，四川公布《四川省人民政府2013年推进依法行政工作安排》（以下简称《工作安排》），《工作安排》中要求，从2013年起，各市（州）、县（市、区）人民政府每年确定不少于5件，具有公共管理职能的省政府部门每年确定2—3件涉及公众利益的决策事项，实行有公众参与的开放式决策。

“实行有公众参与的开放式决策”这一新举措，有望打破以往政府闭门决策的惯例。“过去讲政府信息公开，强调更多的是公开结果，对开头和过程没有具体的要求。开放式决策则要求对决策事项的启动、过程和结果都要全方位公开。”四川省政府法制办主任张渝田说。他还指出，过去公众参与政府决策，政府部门想做多少就做多少。现在指明了具体形式，明确了具体件数，能逐步实现涉及公众利益决策公开的常态化、规范化、制度化。

□ 四川省推行“开放式决策”具体要求

- 一是实行决策预告制度
- 二是实行决策调研论证公众参与制度
- 三是实行决策草案征求意见制度
- 四是建立人大代表、政协委员、专家和公众代表列席政府常务会议或者部门办公会议参与决策的制度
- 五是有条件的地方实行政府常务会议网络视频直播互动交流
- 六是公开决策结果和决策执行情况

资料来源：《四川省人民政府2013年推进依法行政工作安排》

重大决策广听民意，依法行政量化考核

2013年2月16日，新版《四川省人民政府工作规则》在省政府网站正式公布，其中明确规定，省政府及各部门要健全重大事项决策的规则和程序，要把公众参与、专家论证、风险评估、合法性审查、集体讨论决定作为重大决策的必经程序。

实际上，这一规定已在四川省许多市州“试点”运行多年。在全国社会稳定风险评估机制的“发源地”遂宁市，从2005年至今，当地被“民意否决”的重大项目和决定已超过50个。该市市长何华章举例说，2008年12月，射洪县水电安装部门拟提高水电气安装收费事项，就因为在群众满意度测评中支持率低而决定不予实施。

2013年3月13日，四川省政府办公厅公布了经省政府第三次常务会议审议通过的《四川省人民政府严格依法行政的规定》和《四川省市县政府依法行政评估指标》。其中规定，重大行政决策将广泛听取意见。凡是涉及群众切身利益的重大决策事项，都向社会公开征求意见；凡是

□ 遂宁市重大事项风险评估“五步工作法”

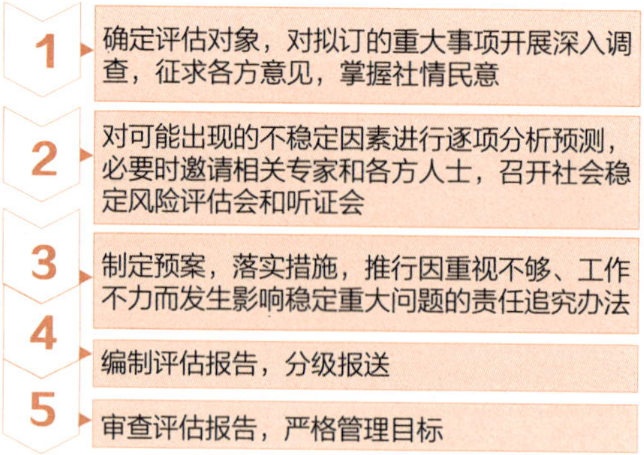

资料来源：遂宁市政府网站

□ 四川从 10 个方面“量化”考核依法行政

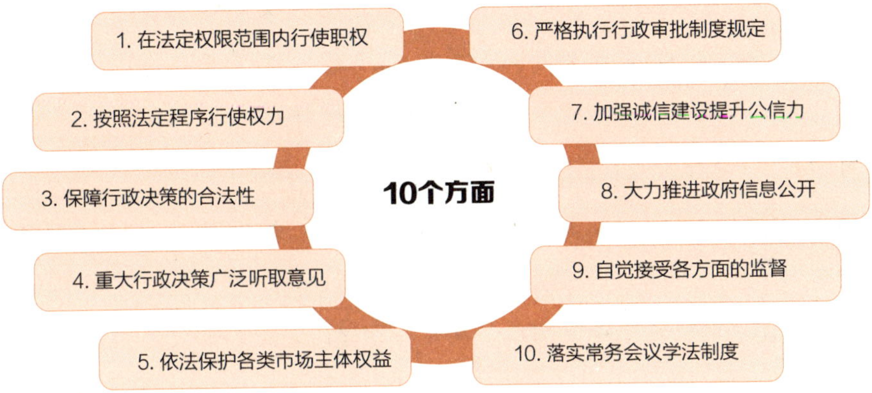

资料来源：《四川省人民政府严格依法行政的规定》

重大、疑难和专业性强的决策事项，都开展专家咨询论证；凡是涉及重大公共利益、可能产生重大分歧的决策事项，都组织听证，并使听证参加人进行平等、充分的质证和辩论。

除重大决策广听民意外，四川省还将逐步扩大行政决策公开的领域和范围，以确保群众的知情权和监督权。根据规定，今后凡是涉及群众利益的重大决策都及时向社会公开，增强公共权力运行、公共资金使用、社会公益事业建设等的透明度，保证人民群众的知情权、参与权和监督权。政府常务会议决定的非涉密重大事项 3 日内在新闻媒体和政府门户网站公布。

从“听政于民”到“决策于民”的重大转变

美国克利夫兰州立大学都市研究与公共服务学教授卡米拉·斯蒂福

斯（Stivers）曾提出，行政合法性要求政府主动对公民负责……拥有合法性的行政国家必定要植根于积极的公民参与文化环境中。引入公民参与公共政策制定无疑是公民政策参与的核心。针对此次四川明确提出“开放式决策”，《中国青年报》发表评论“保障公众参与公共事务要有始有终”指出，通过搭建起坚固的互动互信平台，把以人为本的理念真正贯穿到公共政策酝酿、制定、实施和完善的全过程，是一种“双赢”的结果。政府更能充分听取来自公众的鲜活声音，群众利益的表达渠道也就更加畅通，政策决策的科学性、合理化以及政府的公信力都将大大提升。

开放式决策强调政府决策、办事情的公开性，是保障人民群众知情权、参与权、监督权的具体形式。四川省政府法制办主任张渝田认为，这可能给政府决策的理念和方式带来一些影响，各级政府及部门会有一个适应的过程。基于此，四川省政府对开放式决策的事项做了量化要求，以便于加强考核。

目前，“开放式决策”工作尚处于试点阶段，四川省级有关部门还将对推行开放式决策相关工作进行指导和督促检查，及时总结交流经验，待条件成熟时，再将试点经验常态化、规范化、制度化。

广州重大民生决策引入公众意见征询委

2013 年 3 月 11 日，广州市政府常务会议审议通过《广州市重大民生决策公众意见征询委员会制度（试行）》（下称《制度》）规定，今后政府重大民生决策，均应以公众意见征询委员会的形式，吸纳市民公众代表，包括有利益关系的市民或团体代表参与对拟议决策事项的讨论。应当成立公众意见征询委员会而没有成立的，不得提交领导集体决策。

专家介绍，这些年广州重大民生决策引发民众强烈质疑事件接连不断。远些的如番禺垃圾焚烧厂选址风波、强推LPG之争、公交优惠方案、羊城通押金、珠江光亮升级工程、“黑漆路”、珠江新城APM线、“39号文”疑案、水价调整、珠江新城建连廊和海心沙规划“变性”等；近些的如白云山隧道工程动议、海珠环岛有轨电车项目、广州大桥扩建工程和“中考新政”等。这些备受诟病与争议的事项，无一不是决策程序出问题，教训深刻。

同时，广州市也一直在探索市民参与公共决策的办法，并形成了一些制度。此次重大民生决策公众意见征询委员会制度的出台，意味着今后广州市民参与公共决策将更深入、更有效、更为制度化。《南方日报》评论认为，重大决策广纳民意是政治文明进步和民主政治发展的必然要求。政府重大民生决策直接关系广大群众切身利益，广州此举将进一步规范政府重大民生决策的法定程序，有助于提高政府决策的民主化、科

□ 广州“重大民生决策事项”范围

- 政府提供基本公共服务保障重大政策措施的制定与调整；
- 政府保障重要民生事项的财政资金安排及社会筹集资金使用方案；
- 涉及群众利益的重要区域（专项）规划和重大城乡基础设施建设；
- 涉及群众利益的土地利用、征地拆迁、环境保护、劳动就业、人口计生、文化教育、医疗卫生、食品安全、住房保障等方面重大政策的制定与调整；
- 其他与人民群众利益密切相关、社会涉及面广、需要广泛征询民意的民生决策事项；
- 市民提议设立，且经政府主办部门同意设立公众意见征询委员会的其他决策事项。

资料来源：《广州市重大民生决策公众意见征询委员会制度（试行）》

学化和法制化水平，有助于通过政民良性互动打造一个“可以商量”的政府。

从动议至政府决策，公众意见全程参与

广州有个传统，凡有大事发生，先让媒体报道，市民议论。早在2004年，广州市政府为研究“限摩”方案，举行了首场市民听证会。曾担任广州市法制办法规处处长长达8年的田路介绍，这是广州市政府层面召开的首场决策听证会。通过听证，广州市政府关于摩托车限行的决策充分考虑了市民要求循序渐进，以及给予车主损失适当补偿等合理意见，取得了良好的社会效果。

从那时起，听证会成了广州民主决策的重要途径。

2009年，广州又经受了一次重大行政决策的民主考验。在番禺垃圾焚烧发电项目选址的公众参与过程中，市民对垃圾焚烧的理解也不断加深，实现了政府和市民的良性互动，促进了政府对垃圾焚烧项目的科学审慎决策。2010年5月19日，广州市政府办公厅印发了《重大民生决策公众征询工作规定》，广东省在2012年也出台了《开展为民办事征询民意工作的指导意见》，这些制度规定丰富了征询民意的形式，规范了政府决策的程序。

从原有规定“重大民生决策征询公众意见”，到此次设立“重大民生决策公众征询委员会制度”，是公共决策程序的再进一步。广州市政府政策研究室主任谢博能介绍，公众意见征询委员会制度有两大调整和突破：一是重大民生决策事项征询民意的范围更广，形式也有所突破。二是征询民意的时机有较大突破，征询民意的时机大幅度前移至决策过

程的初始阶段。

据了解，目前中国政府重大决策普遍采取草案公示的方式，其中的部分事项采取听证方式征询民意，例如规划项目，以前都是把方案制订好了，然后把成熟的方案给老百姓看，向市民进行公示，也就是政府意见基本确定之后，才征询民意。而公众意见征询委员会制度，则是要求在重大民生事项决策之前，就必须成立公众意见征询委员会，从决策动议至政府决策之前，始终都有公众意见的参与，也就是说，日后广州市政府征询民意的时机将大幅前移至决策过程的初始阶段。按照制度，政府在决策之前将听取委员会的意见，是否采纳都会给予相应回馈。

谢博能表示，此制度是参考港澳经验，同时在同德围公众意见征询委员会的有效实践后，根据省委、省政府相关方针政策制定的。很多规划方案，如南北高架等建设项目，都经过征询委员会多次会议讨论，委员们也积极向市民进行意见征询，搭好政府与民众之间的沟通桥梁，这是一个很好的范本。

重大城建项目先行建立公众意见征询委员会

《制度》规定，委员会成员一般不得少于15人，主要由专业人士、人大代表和政协委员，以及市民代表和直接利益相关方代表共同组成。委员会成员的确定需要经过一定流程和遴选审核，首先是相关研究机构推荐、市民自荐报名以及政府特别邀请等方式，产生相关候选人，然后经过遴选与审核，向社会公示后，最终确定委员会委员的名单，所有过程都是透明的。委员会中，直接利益方代表和市民代表的比例不少于1/3。同时，各征询委员会的委员对相应决策事项享有知情、参与和独立自主地表达意见等权利，还将有权查看相关决策项目所涉及部门的有关文件、规划以及各类方案。

对于有媒体提出“民生决策‘重大’与否需立个标准”，谢博能表示，重大民生事项并不一定根据这个项目要投多少亿，才会成立公众意见征询委员会，而会根据民意走向来确定，但同时也不会仅因少数民意，便贸然成立相关委员会。“我们这项制度不是像人大、政协那样，有多少代表或委员联名了就可以。关键要看是否属于‘重大民生决策事项’，否则，大小事情市民都来提议，很多决策的效率会受到影响。同时制度更多是强调，各部门在涉及重大民生决策时要主动事先征询民意，相当于有这个义务，否则事情就不能提交到市政府层面集体决策。”相关负责人指出，“市民觉得有需要，政府觉得有必要，才会成立相关委员会，样样都成立也不现实。”

在广州市通过《制度》的同时，市政府还原则通过了《广州市重大城建项目公众咨询监督委员会组建方案》，今后广州在重大城市建设中拟参照同德围做法，成立公众咨询监督委员会，并形成制度。方案建议委员由人大代表、政协委员、专家学者、利益相关方代表、市民代表等几方面人士组成，委员规模约 30 人。其中对委员的基本要求“门槛”不高甚至比较低，包括“18 周岁以上，具有广州市常住户口，没有不良行为记录，热心公众事业，关注民众呼声，能客观征集、反映意见，具备参加委员会相关活动和工作的时间、精力”。市民代表参加的方式是，将由有关部门委托市公证处通过报刊等渠道公开征集，由公开摇珠等方式随机产生。市民代表报名资料经初核符合条件后，将公开摇珠确定 10 名正式市民代表和 10 名候补代表。委员名单初定后应该向社会公示，经公示无争议后确定。委员享有多项“权利”，包括有权查阅相关档案资料、列席有关会议、参加相关调研，以完全掌握拟议项目的情况，可以就相关项目充分表达意见、提出建议，不受行政机关和其他外部因素影响和左右。

另悉，广州市相关部门正制定年度重大事项目录，凡是被纳入目录的重大事项都必须成立公众意见征询委员会。该目录的统筹制定工作，由法制办具体负责，各部门拿不准是否属于重大事项的项目，最终都将由法制办裁定。

“同德围模式”开始大力推广

说起公共咨询监督委员会，不得不提在广州城市管理中已经小有名气的概念——“同德围模式”，这也是今天广州公咨会的雏形，这个概念最早由中国城市规划学会会员、暨南大学管理学院教授胡刚提出。同德围位于广州市西北角，当地30万居民戏谑地称同德围为“痛得威”“话题小区”“被遗忘的角落”等。近两年，广州市才痛下决心要彻底治理同德围。但同德围居民复杂，历史遗留问题多，如何平衡各方利益，让治理措施得到当地居民的支持，成了摆在广州市面前的一道难题。

2012年新任市长陈建华提出，居民代表是同德围的主人，“同德围怎么整治？你们说了算！”于是，由长期关注同德围地区发展的广州市政协委员韩志鹏任主任的同德围地区综合整治工作咨询监督委员会（简称“咨监委”），于2012年2月26日正式设立，委员会由37名来自各方面的代表组成，任何方案必须要在这个委员会达成一致意见后，才能最终通过。经过讨论，按照从易到难的原则对同德围难题进行梳理，最终确定了“9+1”工程。截至2013年9月，10项工程中5项已完工启用，另外5项也正有序推进。

咨监委的设立，是同德围治理能够顺利开展的关键所在。咨监委实际上是由各利益方组成的一个议事机构，通过这一机构来协调各方利益诉求。咨监委也代行政府的部分决策权限，咨监委通过的方案，政府基本采纳。咨监委成了政府与市民之间的一个缓冲器。该模式开启之初，一些人颇有微词，理由是效率太低。后来他们发现按照政民互动的“同德围模式”决策，能让居民都满意。有些项目实施中虽有波折，但却得到当地居民的支持和认同。

“同德围模式”很快得到政府认可并被复制。2012 年，广州市开始大力推行垃圾分类，为了让广大居民积极参与到其中，广州市参照“同德围模式”，成立了废弃物处理公众咨询监督委员会，30 名委员中有社会公众代表 19 名，技术专家代表 11 名。19 名社会公众代表从社会征集报名的市民中优选产生，11 名专家代表则从省内固体废弃物处理领域的专家中优选产生。该委员会充分行使知情权、表达权、参与权、监督权，直接参与广州市城市废弃物处理民主决策，让社会公众充分参与城市废弃物处理和全过程监督。

据 2013 年 4 月 25 日召开的广州市城市废弃物处理公众咨询监督委员会工作座谈会透露，自 2012 年 8 月 4 日该委员会正式成立以来，通过完善组织机构和学习实践平台，畅通建言献策渠道，创办垃圾分类处理公众论坛等方式，有效搭建了公众沟通的桥梁，改善了垃圾分类处理的舆论环境，推进了垃圾分类处理，也促进了广州生态文明建设。

在 2013 年 1 月 23 日广州市十四届人大三次会议后举行的市长记者招待会上，广州市市长陈建华对“同德围模式”及韩志鹏给予了充分肯定，并表示准备参照“同德围模式”，在慈善事业、限牌、城市建设等领域建立公共咨询委员会。短短一年时间内，广州已陆续由政府部门牵头成立了多个公众咨询监督机构，包括各区城市废弃物处理公众咨询监督委员会、中山一路片区排水改造工程公众咨询监督委员会、越秀区东濠涌（中北段）综合整治工程公众咨询监督委员会、市社会医疗保险公众咨询监督专业委员会以及市重大城建项目咨监委等。它们多被视为“同德围模式”的复制或升级版本。其中，东濠涌（中北段）综合整治工程公众咨询监督委员会中，知名政协委员孟浩特别获邀担任“公咨委”委员。

“‘同德围模式’只能算是一个试点，是一种自发的行为，而这个制度颁布以后，公众意见的表达得以有依有据，可以说是‘同德围模式’的 2.0 版。”同德围咨监委主任韩志鹏说。

南京城市治理公众参与制度化

城市人民建，又该由谁管？这仅仅是城管部门的分内事，还是需要更多的主体协同管理？市民是否有权利且有责任参与城市管理？南京在这些问题上迈出了探索步伐。2013 年 3 月 1 日，《南京市城市治理条例》（下称《治理条例》）正式实施，成为全国首部关于城市治理的地方性法规。

近几年，在南京城市建设中，公众先后在移树、护绿、交通、基建等多方面发声、献策，对城市良性发展起到了公民共建的推力。《治理条例》对推动公众参与城市治理进行了强化，这也是其最大亮点。《治理条例》着力打通政府和公众双向交流的渠道，吸纳公众参与城市治理的事前、事中、事后整个过程，为国内其他城市治理提供了有益借鉴。

公众参与的理念为城市管理探新路

《治理条例》对公众参与的突出强调，首先体现在理念层面。公众参与城市治理理念并不是南京的独创，但以地方法规的形式将之确定下来却有着显著的创新意义。理念层面的相关规定，为城市治理确定了根本性的指导方向和原则。

条例名称从传统的“城市管理”转变为新型的“城市治理”，这一表述也是条例最显而易见的亮点，其实质就是对公众参与的强调。狭义的“城市管理”即“城管执法”，是针对城市生活中影响市容市貌的“脏、乱、差”问题行使街头执法权的行为。与之相对应的“城市治理”，强调多主体共治的作用，认为市民也应在城市管理中发挥积极作用。

条例的主要起草人、中国人民大学法学院教授莫于川表示，过去讲“城市管理”，而这次讲“城市治理”，从“管”到“治”，一字之差，彰显了城市管理的崭新理念。南京市政府法制办副主任杨以群也表示，在管理方式上，“城市治理”让公众成为城市公共事务的管理者，真正体现了“人民的城市人民管”这一思路。杨以群称，“城市治理”突出以多元主体共同参与为核心，具有更强的现代性、民主性、开放性、包容性、互动性和有效性，是对城市管理的一次超越，反映了政府在立法理念、执法观念上的巨大变化。

《治理条例》第一章第一条开宗明义规定了本条例的三个立法目的，第一个目的就是“为了推动公众参与城市治理”，并明确了“公众参与、共同治理”的治理原则。

莫于川指出，“公众参与”作为立法目的具有远见卓识和重大意义。中国《宪法》第二条第三款规定：“人民依照法律规定，通过各种途径和形式，管理国家事务、管理经济和文化事业、管理社会事务。”可见，

《治理条例》把推动公众参与城市治理确定为首要的立法目的，保证市民有权依法管理公共事务、共同治理城市，符合宪法和法律精神，体现了从城市管理走向城市治理的民主行政理念。

城市治理委员会——独创性的制度设计

较之原则性层面，现实的城市治理更缺乏的是制度层面的突破性创新。在这一点上，《治理条例》更加引人注目，不仅提出了公民参与的原则，同时也对公民参与的实现形式、程序和效力等方面进行了规定，为公民参与的实现提供了法律保障、制度保障。其中最大的亮点莫过于城市治理委员会的设立。

《治理条例》中明确规定，南京将设立城市治理委员会，委员由市政府及其城市管理相关部门负责人担任，其中的公众委员则由专家、市民代表、社会组织等共同组成，其中公众委员比例不低于50%，并赋予其特定的法律地位。委员会承担组织、指导、监督考核、协调关系、依据授权决策等多项重要职能，对城市治理中的重大事项处置做出决定。这在全国是首创。

南京市城管局法规处人士介绍说，城市治理委员会是市政府下设的组织，随着公众意识和素质的提高，这个50%的比例还将逐步提升，以充分吸纳民意。这也是和国际接轨的表现。比较起来，与之性质相似但无任何决策职能的美国行政会议，公众委员所占比例仅约40%。可见就立法原意而言，《治理条例》赋予城市治理委员会的民主程度是很高的。专家指出，公民参与社会管理的理念在近年来屡被提及，地方上也进行了一些实践，但往往流于形式，很大程度上是因为没有将其以法律

专栏

南京城市治理委托第三方立法

3月初，酝酿已久的《南京市城市治理条例》正式实施，在全国范围内首次提出从“城市管理”走向“城市治理”，其中最重要的创新就是让公众成为城市管理的主体，在法规中明确规定，即“城市治理委员会由公务委员和公众委员组成，其中公众委员不少于50%”。

据了解，《南京市城市治理条例》与该市其他法规相比法律效力上具有龙头法地位，南京近期还将出台《南京市城市治理委员会议事规则》《南京环卫设施办法》《无物业小区托管管理办法》《生活垃圾分类管理办法》《城市管理行政执法协管员制度》5个配套细则。

2012年，南京市会同国务院法制办公室发起专题研究完善城市综合管理及其立法课题，由中国人民大学法学院协助承担课题任务。课题研究报告和立法建议稿提交委托单位被采纳后，转化为地方性法规草案，经南京市人大常委会二审通过、江苏省人大常委会批准的《南京市城市治理条例》成为国内首部关于城市治理的地方性综合立法。对此，南京市人大法制委主任夏公喜介绍表示：“以前地方性法规，一般都是地方自行起草立法条例的，这次通过第三方立法，是一次很成功的立法创新。”

资料来源：《解放日报》2013年4月12日

形式规定下来。在这一点上，社会治理委员会及相关的制度设计具有全国首创的进步意义。

对城市治理委员会和公共委员的构成，有市民提出了“被代表”的担忧，更有网友指出其存在“作秀”嫌疑。对此，南京理工大学社会学副教授王兰芳表示，政府部门的出发点无疑是好的，相对于官方，民间力量有机会发出体制外的不同声音，能促使政府集思广益，借力民意正能量，大大提高城市管理的效率。不过，公众委员的阶层越广泛越好，尤其是要推选出意见领袖，不能是没主见、胆小怕事的，更不能是为官方抬轿子的；否则，公众委员便失去了存在的价值和意义。公众委员和政府职能部门的功能不一，需要建立健全有序化的沟通机制，重视公众委员的话语权，避免走形式，弥补城市管理和市民之间的割裂，并且见到实际的功效，这样才能经得起民众的考验。

多样化的公众参与治理方式

除城市治理委员会外，《治理条例》的第二章还规定了10多种适用于基层、社区、市民和社会组织的参与治理方式，如第四章规定了承担宣传教育、信息收集、劝阻违法行为等事务性工作的行政执法协管员制度。切实的制度保障，能有效地避免公众参与流于形式。莫于川表示，通过条例的制度设计，南京市民可以法定的形式，主体性地参与城市治理，从此前意义上的“被管理者”变为直接参与城市治理的决策者。城市管理者和市民形成共同治理城市的共识，互相信任，会倍增式释放城市发展的生产力。

此外，在《治理条例》中，公众的监督权也得到了强化。条例规定，城市管理相关部门应当建立举报投诉制度，向社会公布统一受理举报投诉的电话、信箱和电子邮箱，对收到的举报、投诉应当登记在案，并在五个工作日内将处理情况告知当事人；案情特别重大或者复杂的，经批准可以延长处理期限，但最长不得超过15日。对于不属于本部门职责范围的，城市管理相关部门也应当向当事人说明情况，并在两个工作日内移送责任部门处理。

《治理条例》的实施效果还有待观察。对此《南京日报》评论指出，“公众参与”是善治之基，但也不会因写进法规就立马尽显成效。确保良法带来善治，还需要处理好三对关系：一是善作善成，处理好部署与落实关系。“城市治理”意味着把相应权利还给百姓，也等于是行政机构“革自己的命”，务必以严格督查防止“选择性执行”。二是不懈推进，处理好坚持与深化关系。从“城市管理”到“城市治理”，是在全国开先河之举，尤其需要以创造性精神深入推进。三是统筹兼顾，处理好点与面关系。要梳理出重点和难点集中力量加以攻克，为全面实现善治开路。

总之，从四川、广州、南京等地出台公众参与的相关制度来看，随着政府行为模式从政府单方管制到官民共同治理的转变，城市治理理念及制度的发展使公众参与不仅成为逻辑上的应然，更是转型时期中国社会发展、社会管理创新的必然选择，这也是城市管理发展的大方向，是实现城市善治和社会善治的开始。

户籍改革：积分入户大势所趋

2013 年 7 月 1 日正式实施的《上海市居住证管理办法》（下称《管理办法》）及其两个配套文件，作为中国一线大城市户籍制度改革的重大举措，受到了各方面的高度关注。此前的 5 月 6 日，国务院总理李克强主持召开国务院常务会议，研究部署 2013 年深化经济体制改革重点工作，其中之一便是“出台居住证管理办法，分类推进户籍制度改革”。与“分类推进户籍制度改革”相配套的就是居住证制度。上海这轮居住证改革因首次对外来人口全部采用积分制管理，被各方寄予厚望。舆论

□ 上海“积分制”居住证新政政策文件构成

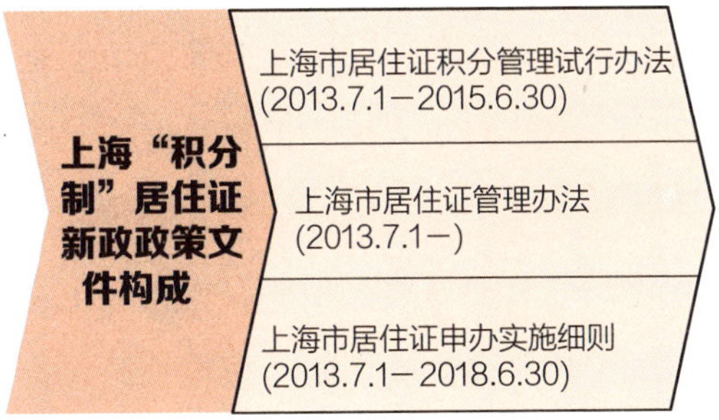

资料来源：中国上海网

认为，上海居住证积分制如果成功，可推广到全国所有一、二线城市。

上海居住证“积分制”新政出台的背景

对于北上广深等特大城市，由于历史欠账，已经积压了大量的外来人口，他们在这些城市工作和生活，但无法享受与户籍人口均等的公共服务待遇。这些城市当务之急是消化已经进城的居民。

国务院在2013年的政府工作报告中提出，加快推进户籍制度、社会管理体制和相关制度改革，有序推进农业转移人口市民化，逐步实现城镇基本公共服务覆盖常住人口，为人们自由迁徙、安居乐业创造公平的制度环境。而国家“十二五”规划纲要也明确提出，积极稳妥推进城镇化的过程中，特大城市要合理控制人口规模。

不放开不合理，全部放开不现实，户籍政策大门要打开，但又要防止一下挤破门。这就需要利用居住证制度，作为向本地户籍的过渡，将这部分人口逐步接纳进来。

根据上海市统计局数据，2012年末全市常住人口为2380万人，占全国总人口的1.7%，外来常住人口达到960.24万，占全市常住人口总量的40.3%。考虑到绝大多数进入大城市的人口不会到相关部门登记，人口领域的专家认为上海的常住人口恐怕要远远高于政府统计的数据。

和传统的条件管理不同，上海实行的积分制管理方式，通过设置积分指标体系，建立逐年逐级递增累加机制，使得在上海长期稳定合法就业和生活的居民有了“年年高”的期盼。根据新政，上海对具有合法稳定居住和合法稳定就业的《居住证》持证人进行积分，将其个人情况和实际贡献转化为相应分值。积分达到标准分值的，可根据国家和上海规定，享受子女教育、社会保险、证照办理、住房、基本公共卫生、计划生育等公共服务待遇。

上海的居住证“积分制”改革一方面呼应了国家推进城镇化、加快户籍改革的战略决策。中国户籍制度最难啃的骨头在直辖市，所以，上海的动作意味着户籍制度整体改革终于开始。改革另一方面也是应对城市日益加剧的人口结构老龄化的需要。2012 年，上海市户籍人口老年人数量为 367 万，占比高达 25.4%，老龄化势头迅猛，高龄化也呼之欲出，年轻人口在其他城市可能仍被视为引入生产要素，而在上海却已是“刚性需求”。所以，上海希望通过居住证的积分制调节目前来沪人口的结构。

此外，资料显示，2002 年和 2004 年，上海市相继出台了《引进人才实行〈上海市居住证〉制度暂行规定》《上海市居住证暂行规定》《〈上海市居住证暂行规定〉实施细则》等居住证管理方面的政府规章和规范性文件，探索居住证制度管理已经超过 10 年，改革条件已经具备。长期进行人力资源方面研究的上海交通大学教授陆铭指出，户籍政策放宽，一方面有助于促进公平，外来流动人口给城市做出了贡献，自然应该更公平地享受到城市公共服务；另一方面还能促进经济增长和社会和谐发

□ 上海市居住证演变之路

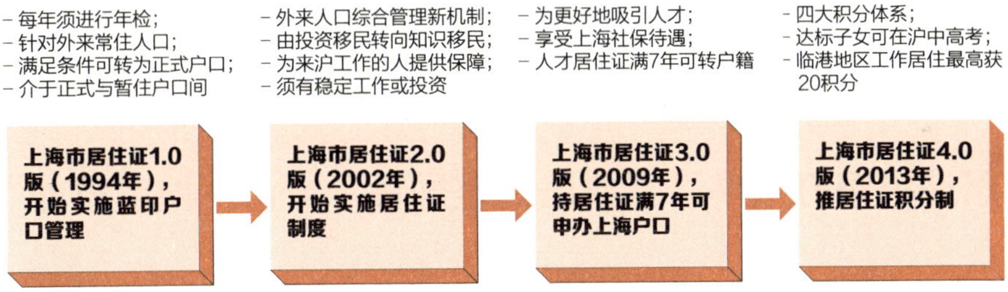

资料来源：搜房网

□ 申请上海市居住证所需提供的材料

<table>
<tr><td rowspan="6">基本材料</td><td colspan="2">《上海市居住证》申请表</td></tr>
<tr><td colspan="2">居民身份证等有效身份证明</td></tr>
<tr><td rowspan="4">拟在本市居住6个月以上的住所证明</td><td>居住在自购住房的，提供相应的房地产权证复印件（验原件）</td></tr>
<tr><td>居住在租赁住房的，提供由房屋管理部门出具的房屋租赁合同登记备案证明复印件（验原件）</td></tr>
<tr><td>居住在单位集体宿舍的，提供单位出具的集体宿舍证明</td></tr>
<tr><td>居住在亲戚朋友家的，提供居（村）委会出具的寄宿证明</td></tr>
<tr><td rowspan="4">根据申请人自身情况和需求提供相应证明资料</td><td>来沪就业</td><td>提供期限为6个月以上劳动（聘用）合同复印件（验原件），参加本市职工社会保险满6个月的证明</td></tr>
<tr><td>来沪投资开业或从事个体经营</td><td>提供企业或个体工商户营业执照复印件（验原件），参加本市职工社会保险满6个月的证明</td></tr>
<tr><td>来沪投靠本市户籍亲属的配偶、子女或父母</td><td>分别提供结婚证复印件（验原件）、公安部门认定的父母子女关系的证明</td></tr>
<tr><td>来沪就读、进修</td><td>分别提供本市大、中专院校发出的“录取通知书”复印件（验原件）、本市非学历教育机构出具的书面证明复印件（验原件）</td></tr>
</table>

资料来源：《上海市居住证申办实施细则》

展，吸引高端劳动力，有利于城市创新转型，吸引低端劳动力，有利于满足服务业的需求，缓解劳动力价格的上涨。

居住证申办条件：“合法稳定居住”“合法稳定就业”

上海市政府法制办高级法律专务江子浩介绍，《管理办法》共7章

46条，包括总则、居住证一般规定、居住证办理、居住证积分管理、持证人待遇、法律责任和附则，主要规范了6个方面的内容，包括明确居住证的功能和载明信息；规范居住证的申办、核定与发放；明确居住证积分制度的内容；明确持证人待遇；明确相应法律责任；明确过渡条款以及与相关规定的衔接等。

《管理办法》明确居住证具有三方面的主要功能：一是作为持证人在本市居住的证明；二是记录持证人基本情况、居住地变动情况等人口管理所需的相关信息；三是办理和查询个人积分，办理卫生、计划生育、社会保险、子女教育等方面的个人相关事务。《管理办法》还明确，《居住证》的载明内容包括姓名、性别、民族、公民身份号码、近期照片、常住户口所在地住址、居住地住址、签发机关和签注有效期限等。

《管理办法》规定，申请人应当符合“合法稳定居住”和“合法稳定就业”两个基本条件，根据申办条件提供相应的证明材料，并对申办材料的真实性负责。“合法稳定居住”包括自购房屋、租赁房屋、单位宿舍和居（村）委会寄宿证明；“合法稳定就业”包括就业、投资、开业、从事个体经营，申办者需要提供6个月以上劳动合同等证明。

上海市发展改革委总经济师翁华建指出，以“合法稳定就业、合法稳定居住”为基石，便于加强人口管理，促进上海人口规模增长与城市经济社会发展相协调。

居住证享受的待遇：积分达到标准子女可异地高考

上海市人力资源社会保障局副局长毛大立介绍，达到120分积分标准值的持证人，可享受相应的就业、养老、医保、住房，以及子女在沪参加高考的待遇。通过积分制的形式，上海针对外来人口形成了一套包含义务、权利的“新上海人资格体系”。

□ 上海市新居住证持证待遇

方面	待遇
子女教育	持证人可以为其同住子女申请在本市接受义务教育，由居住地的区（县）教育行政部门按照本市有关规定安排就读
	持证人的同住子女可以按照本市有关规定，在本市参加全日制普通中等职业学校自主招生考试、全日制高等职业学校自主招生考试
	积分达到标准分值的持证人，其同住子女可以按照本市有关规定，在本市参加高中阶段学校招生考试、普通高等学校招生考试
社会保险	持证人按照国家和本市有关规定参加本市社会保险的，享受相关待遇
	积分达到标准分值的持证人，其配偶和同住子女可以按照本市有关规定参加本市社会保险，享受相关待遇
证照办理	持证人可以按照国家和本市有关规定，在本市申领机动车驾驶证、办理机动车注册登记手续
	持证人可以按照国家和本市有关规定，在本市申请办理普通护照、往来港澳通行证、往来台湾通行证及各类签注
住房	持证人可以按照本市有关规定，申请本市公共租赁住房
	持证人可以按照国家和本市有关规定，在本市缴存和使用住房公积金
基本公共卫生	持证人的同住子女可以按照国家和本市有关规定，在本市享受国家免疫规划项目的预防接种等基本公共卫生服务
计划生育	持证人可以按照国家和本市有关规定，在本市免费享受基本项目的计划生育技术服务
资格评定、考试和鉴定	持证人可以按照国家和本市有关规定，参加本市专业技术职务任职资格评定或者考试、职业（执业）资格考试、职业（执业）资格注册登记；参加各类非学历教育、职业技能培训和国家职业资格鉴定
参加评选	持证人可以参加本市有关评选表彰
其他待遇	持证人可以享受国家和本市规定的其他待遇

资料来源：《上海市居住证管理办法》

但居住证积分达到标准分值后与户籍公共服务待遇还有三个主要差异：一是父母不能投靠，二是不能享受本市低保待遇，三是不能申请购买共有产权房。异地就业者最关心的是子女教育与医疗保险，居住证与户籍含金量相差不大，可以替代户籍使用。拥有居住证者不必放弃老家的田地、社保等，相当于同时拥有两份保障。

实行积分制后，符合条件的，依然可以申请“居转户”。根据 2009 年起执行的《上海居住证转常住户口试行办法实施细则》，申请户口的

□ 上海市居住证与户口本主要公共服务对比

方面	上海户口	原上海居住证	现上海居住证
养老	养老纳入上海市养老保险体系	养老保险不纳入上海市养老保险体系，不能在上海市领取养老金，但离开上海的时候，可以提取养老金个人账户部分，企业所交部分将纳入社会统筹，不予提取	积分达到标准分值的持证人，其配偶和同住子女可以按照上海市有关规定参加本市社会保险，享受相关待遇
医疗	享受完善的上海医保	退休前与持上海户口者享同等医保，退休后不承担持居住证者的医保	
失业	失业后可登记领取失业金	不能领失业金	
子女教育	可按照上海市各区县教育局的规定让子女实现就近入学	子女可以进入上海市中小学，但通常有所限制；考大学，没有上海户口的，只能在户口所在地考	持证人同住子女可接受义务教育及普通中等职业学校自主招生考试、高等职业学校自主招生考试；积分达到标准分值的持证人同住子女可在上海市参加高中阶段学校招生考试、普通高等学校招生考试
买房	可购二套房，首套房免征房产税	不可购二套房，居住证满 3 年首次购房可免缴房产税；居住证不满 3 年者首次购房须缴纳房产税	—

资料来源：根据媒体公开报道整理

居住证持有者必须满足五大核心条件：一是持有《上海市居住证》满7年；二是持证期间按规定参加本市城镇社会保险满7年；三是持证期间依法在本市缴纳所得税；四是在本市被聘任为中级及以上专业技术职务或者具有技师（国家二级以上职业资格证书）以上职业资格，且专业及工种对应；五是无违反国家及本市计划生育政策规定行为、治安管理处罚以上违法犯罪记录及其他方面的不良行为记录。

毛大立介绍，现在积分主要是针对居住证积分，不涉及落户政策，居转户和直接落户政策继续按照现有的规定执行。

居住证积分制详解：由基础分、加分、减分和一票否决四部分构成

变“条件管理”为“积分管理”，是此次上海居住证改革的最大亮点。

此前上海实施的居住证制度，按照申请人的不同分为居住证A、B、C证，A证为国内人才引进类居住证，审核实行按照要素计分制；C证则是一般居住证，针对普通外来从业人员；对于留学人员实行人才引进类居住证B证。而上海此次出台的《管理办法》，取消了此前人才居住证（A证、B证）和一般居住证（C证）的差别，统一施行“积分管理”。

所谓“积分管理”，指的是在居住证管理中采取积分制度，即通过设置积分指标体系，对在上海市合法稳定居住和合法稳定就业的上海市居住证持有人进行积分，将其个人情况和实际贡献转化为相应的分值。积分达到标准分值的，可以享受相应的公共服务待遇。居住证每年签注一次。为保持政策连续性，有效期内的原人才类居住证持有人被统一赋

专栏

上海已办理的居住证在原有效期内仍有效

《上海市居住证管理办法》明确，按照《引进人才实行〈上海市居住证〉制度暂行规定》《上海市居住证暂行规定》已办理的居住证，在原有效期内仍然有效；本办法实施后，原居住证有效期期满需要重新申办以及申请积分的，按照本办法有关规定办理。《管理办法》正式施行后，《引进人才实行〈上海市居住证〉制度暂行规定》《上海市居住证暂行规定》同时废止。

资料来源：《新闻晚报》2013 年 6 月 19 日

予 120 分的标准分值。原人才类居住证持有人情况发生变化导致积分下降的（如出现减分因素），按照新的居住证积分管理办法积分。

积分规则分单项指标积分规则和总分积分规则两项。基础指标和加分指标（属于单项指标积分）中，同一单项指标的积分不重复计算，取该单项指标的最高分；减分指标中单项指标的扣减积分，按照扣减项目进行累计扣减。在总分积分规则中，持证人总积分等于基础指标与加分指标积分之和减去减分指标的累计扣减积分，总积分的最低分值为 0 分。基础指标中的“教育背景”“专业技术职称和技能等级”两项指标，选择其中一项进行积分；加分指标中的“投资纳税”“投资带动本地就业”两项指标，选择其中一项进行积分。

上海居住证积分指标体系对于年轻人、高学历和专业技能人才有着明显的青睐。根据新的管理办法，年龄指标的分值最高 30 分；教育背景指标最高 110 分，持证人按照国家教育行政主管部门规定取得被国家认定的国内外学历学位可获得相应积分。加分指标包括紧缺急需专业、投资纳税或带动本地就业、缴纳职工社会保险费基数、特定的公共服务领域、远郊重点区域、全日制应届毕业生、表彰奖励、配偶为本市户籍人员等指标。

《管理办法》的形成主要经过了国际国内比较借鉴、系统设计、实测模拟和专家论证听取意见等过程。指标体系中包括年龄、教育背景、专业技术职称和技能等级、在上海工作及缴纳社会保险年限等基础指标，并根据上海经济社会发展状况和人口服务管理需要，设置加分指标、减分指标、一票否决指标。各指标项目根据不同情况划分具体积分标准。此外，积分指标体系还将根据上海经济社会发展情况进行动态调整。

《管理办法》在设计指标体系时，体现了“五个突出”，对于具体

□ 上海市居住证积分指标体系构成

分类	指标	最高分值	详细积分标准
基础指标	年龄	30分	持证人年龄在56—60周岁，积5分；年龄每减少1岁，积分增加2分
	教育背景	110分	大专（高职）学历，积50分
			本科学历，积60分
			本科学历和学士学位，积90分
			硕士研究生学历学位，积100分
			博士研究生学历学位，积110分
	专业技术职称和技能等级	140分	技能类国家职业资格五级，积15分
			四级，积30分
			三级，积60分
			二级、中级专业技术职务任职资格或相当于中级专业技术职务任职资格的专业技术类职业资格，积100分
			一级或高级专业技术职务任职资格，积140分
	在本市工作及缴纳职工社会保险年限		按月缴纳职工社会保险费，每满1年积3分

（续表）

分类	指标	最高分值	详细积分标准
加分指标	紧缺急需专业	30分	所学专业属于本市紧缺急需专业目录且工作岗位与所学专业一致的，积30分
	投资纳税或带动本地就业	100分	在本市投资创办企业，按照个人投资份额计算，最近连续3年平均每年纳税额在10万元人民币及以上或平均每年聘用本市户籍人员在10人及以上，每纳税10万元人民币或每聘用本市户籍人员10人，积10分
	缴纳职工社会保险费基数	100分	持证人最近连续3年在本市缴纳职工社会保险费基数等于以及高于本市上年度职工社会平均工资80%低于1倍的，积25分
			持证人最近连续3年在本市缴纳职工社会保险费基数等于以及高于本市上年度职工社会平均工资1倍低于2倍的，积50分
			持证人最近连续3年在本市缴纳职工社会保险费基数等于以及高于本市上年度职工社会平均工资2倍的，积100分
	特定的公共服务领域		持证人在本市特定的公共服务领域就业，每满1年积4分，满5年后开始计入总积分
	远郊重点区域	20分	持证人在本市重点发展的远郊区域工作并居住，每满1年积2分，满5年后开始计入总积分
	全日制应届毕业生	10分	持证人为全日制应届高校大学毕业生，积10分
	表彰奖励	110分	持证人获得本市部、委、办、局等市级机关专项性表彰奖励，积30分
			持证人获得本市部、委、办、局等市级机关综合性表彰奖励，积60分
			持证人获得省部级及以上政府表彰奖励，积110分
	配偶为本市户籍人员	40分	持证人配偶为本市户籍人员，结婚每满1年积4分
减分指标	申请积分时提供虚假材料		持证人3年内有提供身份、学历、就业、职称职业资格、婚姻、表彰奖励等方面虚假材料的，每次扣减150分
	行政拘留记录		持证人5年内有行政拘留记录的，每条扣减50分
	一般刑事犯罪记录		持证人5年内有一般刑事犯罪记录的，每条扣减150分
一票否决指标			持证人有违反国家及本市计划生育政策规定行为记录或严重刑事犯罪记录的，取消申请积分资格

资料来源：搜房网

指标的设计，注重指标的通用性、代表性、可获得性、可验证性和可操作性。

弱化“条件管理”而采用“积分管理”，在分析人士看来，这一变化将促进人才引进并留住人才，而对于很多企业来说，积分制方式使其增加了筹码，可减少引进人才的成本。“引入积分管理，突出了能力和贡献的导向，为平凡岗位的普通劳动者提供了一个融入渠道。”上海市发改委总经济师翁华建说。

居住证积分制度并非上海首创，在此之前，深圳市于2008年8月1日起全面实施居住证制度。2010年，广东以居住证全面取代暂住证，并于随后推行积分入户制度。2010年，深圳市出台《外来务工人员积分入户试行办法》，规定凡已办理深圳市居住证、纳入深圳市就业登记且缴纳社会保险的外来务工人员，均可通过该办法申请入户。2012年，深圳全面取消招调工入户政策，统一通过积分入户。《深圳市2012年改革计划》提出，深圳将推“居住证+社保”入户新政，以居住证为重要载体，以入户积分参数为依据，建立非户籍人口向户籍人口转变的合理门槛和常态通道。

上海市居住证管理积分管理并非没有争议。积分制度打开了上海户籍管理的大门。一方面，对于学历较高的本地就业者来说，达到标准分并不困难，本科毕业积90分，年龄26岁可以积30分，缴纳社保的年限一年还能积3分。另一方面，对于此前就没有在居住证A序列的一部分人来说，改为积分制后，仍然难以达到120分标准值，积分的门槛依旧比较高。《21世纪经济报道》指出，根据上海此次出台的居住证管理办法，居住证持有人尽管可以根据个人实际贡献来累积积分，但实际上对于外地农民工来说，让孩子在上海读书升学的条件依然高不可攀。

上海财经大学教授谈儒勇也指出，《管理办法》能更好地管理和保障来沪人员合法权益，提升政府服务管理水平，明确来沪人员的权利和义务，帮助来沪人员更好地融入上海。当然，《管理办法》从一定程度上提高了办理居住证的门槛。

好在也有不少加分条款，给农民工留有一定的机会，比如在环卫行业就业的，从业 5 年可以加 20 分；此外，持证人在上海工作期间获得表彰奖励的也可积分，根据获奖级别不同，可以分别获得 30 到 110 分的加分。这些加分条款无疑给那些学历较低且缺乏专业技术职称的农民工带来了一线希望。

居住证办理及积分申请流程

根据《管理办法》，公安部门负责居住登记及《居住证》证件等相关管理，人力资源社会保障部门负责《居住证》积分等相关管理。街道办事处、镇（乡）人民政府设置的社区事务受理服务中心受公安部门、人力资源社会保障部门的委托，具体承担居住登记、《居住证》办理工作。人才服务中心受人力资源社会保障部门的委托，具体承担《居住证》积分办理工作。

为了进一步优化办证程序、提高办证效率，《上海市居住证申办实施细则》（下称《实施细则》）规定，社区事务受理服务中心收到申办材料后，对材料齐全的，应当出具受理凭证，在规定时间内移送人力资源社会保障部门或者公安部门，由人力资源社会保障部门、公安部门按照就业或者投靠、就读管理的相关规定核定。《居住证》由市公安局统一签发，符合条件的申请人到社区事务受理服务中心领证。

□ 上海市居住证办理和积分申请流程

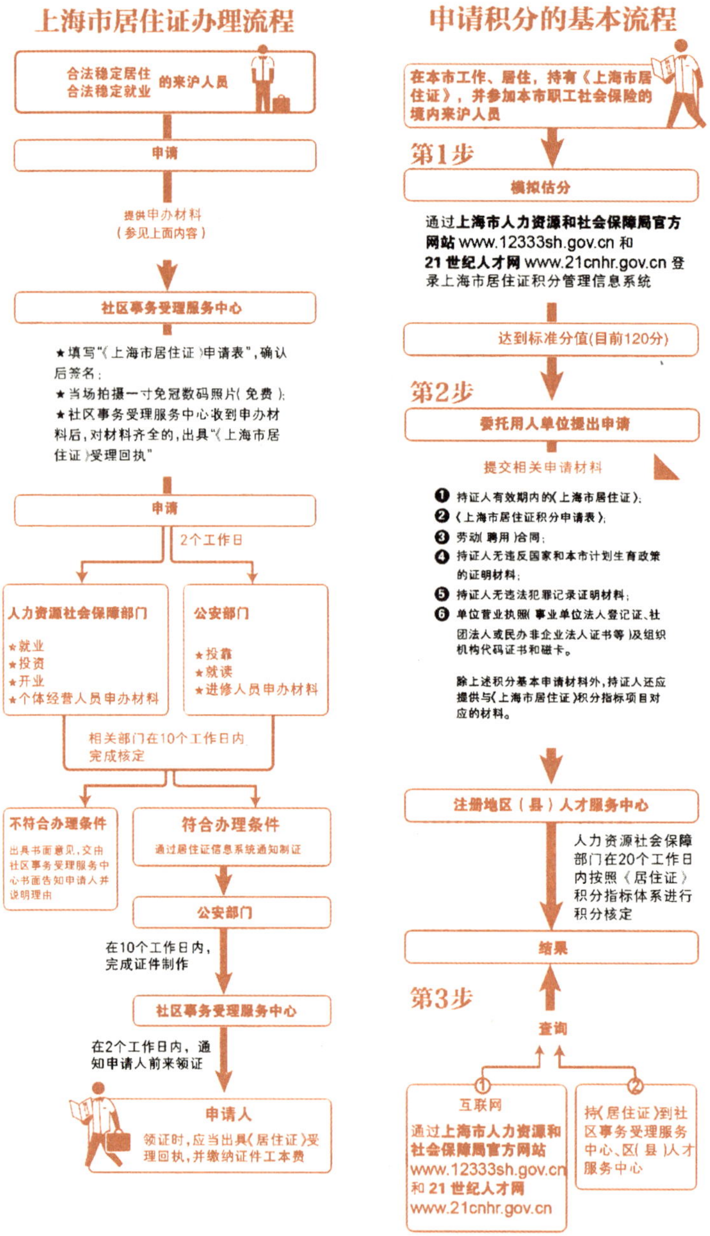

资料来源：上海发布（微博）2013 年 6 月 21 日

《实施细则》要求，公安、人力资源社会保障、住房保障房屋管理、教育等部门应当建立信息定期交换机制，分别提供就业登记、参加社会保险、本市户籍人员基础信息、居住房屋信息、学籍和学历等信息；对能够通过比对方式核定的信息，可不要求来沪人员提供书面证明材料。

《实施细则》明确了两类应注销居住证的情形。一是经有关部门认定后，在10个工作日内通知公安部门，由公安部门在居住证信息系统中注销，包括持证人在申办时提供虚假材料取得《居住证》的；持证人情况发生变更且不符合《居住证》办理要求的；其他应当注销的情形。二是由公安部门在居住证信息系统中直接注销情形，包括持证人逾期60天未办理签注手续的；持证人已转办本市常住户口的。

上海居住证“积分制”的突破与进步意义

“一境之内居然需要以移民式的打分制划分人群，的确令人悲哀，却是不得不承认的现实。众多的人口、日益恶化的环境、不同的保障水平，决定了境内技术与资金移民成为大城市政府的理性选择。一个正义的、可行的并且稳定的户籍改革，至少是一种有益的尝试。”对于上海市居住证新政，知名财经评论家、财经专栏作家叶檀如是说。半月谈网将上海居住证积分制评价为“‘最不坏’的户籍新政”。事实上，正是如此。自从2013年6月19日上海市政府关于《管理办法》相关情况介绍的新闻发布会之后，人们普遍对上海的做法持肯定态度。

在户籍改革上，上海并不是走在最前面的，但可以说是走得最稳健的。先后有大连、兰州、河南等省市已经、正在或将要取消农业户口与非农户口的区别，推行公共服务均等化，意义重大。上海交通大学教授陆铭认为，上海作为一线城市，作为人口流入大城，马上彻底取消非农户口，彻底打破城乡二元结构和所有准入限制，肯定不现实。因为名称改变容易，提供大量均等的公共服务却不是一个城市马上能承受的，所以，实行居住证制度乃至进一步实行居住证积分制，采取一种稳健的渐进性的户籍制度改革，不失为上海这样的大都市一个现实的选择。

在此之前，广东已在全省范围内实行积分入户制度好几年了，取得了不错的效果，公众的认同度也很高。原因在于，积分制相对公平公正，可操作性较强。积分制既不是完全基于功利因素的考虑，也不会造成城市人口不受限制的瞬时失控；更重要的是，它可以给人们提供一个稳定的预期，而不至于在短期内一哄而上，然后很快销声匿迹。上海实行的积分制度保证的是在流入地工作和居住的稳定性长期性——也就是你对于目前居住的城市有一个长期委身的打算，这个城市对于你也有一个可以信赖的明确预期。同时积分制度也在一定程度上保证流入人口的正向努力方向和上升渠道，有利于减轻城市对于流入人口的管理压力。有评论认为，在户籍壁垒依旧高耸的当下，户籍改革真正动起来很重要，上海的居住证积分制值得那些依旧谨守户籍樊篱纹丝不动的地方积极借鉴。

华东师范大学中国现代城市研究中心主任宁越敏指出，这项政策的积极意义是打通了积分体系，不再像以前那样强调学历、职称等条件门槛，使得普通劳动者享有对应公共服务的可能性。上海市人口学会会长、上海市社科院研究员孙常敏认为，上海户籍制度的改革在特大城市控制人口规模、缓解城市二元矛盾、人口流动、人口管理方面迈出了重要一步，也是传统户籍制度出现的重大转折点。传统的人口管理制度以户籍地管理为主，随着居住证改革的进一步深入，未来的人口管理将逐步向

□ 四省市居住证管理制度比对

省市	项目	居住证管理制度
北京市	时间	居住证制度正在推进过程中
	亮点	1. 除个人信息外，将附加一定社会服务功能
		2. 或可与常住户籍人口享受同等待遇
	演变历程	1. 1986 年开始实行暂住证制度
		2. 1995 年，规定外地来京务工经商人员必须严格执行暂住证制度
		3. 2003 年 6 月 30 日，开始实施工作居住证制度
		4. 2009 年，对流动人口实行趋同化管理，办理暂住证实行自愿原则
深圳市	时间	2008 年 8 月 1 日，居住证制度开始在深圳市全面推行
	亮点	1. 可以享受就业、培训、子女教育等 8 个方面的权益
		2. 直接办理赴港澳商务签证、申请车辆入户和驾照
		3. 外来人口持居住证可享受医保
	演变历程	1. 1984 年开始实行暂住证制度
		2. 2002 年，推出《人才居住证》
		3. 2003 年 7 月，以社区居住证积分管理模式取代传统的暂住证管理模式
		4. 2008 年 8 月 1 日正式实施居住证制度
		5. 2010 年出台《外来务工人员积分入户试行办法》
		6. 2012 年全面取消招调工入户政策，统一通过积分入户
浙江省	时间	2009 年 10 月 1 日，开始实行流动人口新政，从暂住时代步入居住时代
	亮点	1. 分临时居住证和居住证两类，临时居住证有效期 3 年，居住证有效期 9 年。临时居住证满 3 年可申领居住证
		2. 一证在手，全省通用
		3. 临时居住证、居住证可享若干常住户口待遇
		4. 居住证可转为居住地常住户口
	演变历程	1. 1985 年开始实行暂住证制度
		2. 2009 年正式实施居住证制度
广东省	时间	2010 年 1 月 1 日，实行以居住证制度为核心的“一证通”制度
	亮点	1. 首次办理居住证不收费
		2. 依法缴纳社会保险费满五年，子女入学可与常住户口享同等待遇
		3. 依法缴纳社会保险费满 7 年，可申请常住户口
		4. 暂住证的居住年限纳入居住证
	演变历程	1. 1999 年开始实行暂住证制度
		2. 2010 年正式实施居住证制度
		3. 2012 年 12 月，居住证增加金融、电子政务等 8 项社会服务功能

资料来源：搜房网

居住地转移。

上海新政显然对于优质年轻人的未来垂涎欲滴，而对于步入中年、在上海工作多年的低技能人口，则显得颇为残酷。对于此次居住证新政的推出，舆论显然很关心外来务工人员子女在上海的中高考权利问题，但从具体的积分体系来看，新政很巧妙地回避了问题本身。因为从表面看，120分的积分对于许多本科毕业抑或有一定技能的人群并不成为一个问题，但需要看到的是，此一群体中的绝大多数目前并不需要考虑孩子中高考的资格问题。而恰恰是最需要解决的中年务工人员的子女，却依旧面临居住证新政的高门槛。

叶檀也提醒："上海积分制的做法值得鼓励，却没有解决关键的问题。首先，政府所需的专业技术人才未必是市场真正需要的紧缺人才。得到高分的很有可能是那些拥有高学历的亦步亦趋的高级打工人才。其次，投资纳税拉动就业可以获得高分，但真正的企业家早已是国际人士，这座城市应该给予创业者以足够的关注，不然很难拉动当地就业。"

《城市晚报》评论认为，上海的居住证制度乃至居住证积分制度，应该是一个进步和改革过程中的步骤，而不是最终的结果。居住证不等于户籍制，拥有居住证的人可以保留户籍所在地的所有福利，对于人口大国而言，这是难以忍受的巨大资源浪费。因此，在恰当的时候应由中央政府出面，勾销拥有居住证的人在原籍的福利，以示公平，尽快把居住证等同于户籍。

社会和谐遂民愿

P e o p l e   C o n d i t i o n s

中国正在走向公民社会

2008 年北京奥运会之后，社会公众参与公共服务的意识不断提高，志愿者队伍不断壮大，社会组织急速增长，社会发展进入转型时期。同时，新的社会需求、新的社会矛盾不断涌现，许多矛盾和问题还有不断激化的趋势，这是中国走向公民社会的必然趋势。在推动公民社会建设方面，当前社会管理的模式面临着巨大挑战，为了能够顺利地走向公民社会，政府在社会治理过程中实现从管理型政府向服务型政府转型是当前的重要任务。

公民社会与公众利益

一般认为，公民社会或市民社会（Civil Society）是指围绕共同的利益、目的和价值上的非强制性的集体行为。它既不属于政府的一部分，也不属于盈利的私营经济的一部分。换而言之，它是处于“公”与“私”之

□ 公民社会的概念辨析

学者	公民社会的理念
黑格尔	其在《法哲学原理》中指出，公民社会是由个人作为单位所组成的联合体。公民社会只是外部的国家，是独立于政治国家而使市场运作并保护其成员的必要机构
马克思	其在《德意志意识形态》中指出，公民社会就是直接从生产和交往中发展起来的社会组织
哈贝马斯	公民社会是独立于国家的私人领域和公共领域，私人领域指以市场为核心的经济领域，公共领域指社会文化生活领域
戈登怀特	公民社会是国家和家庭之间的一个中介性的社团领域，这一领域是由同国家相分离的组织所占据，这些组织在同国家的关系上享有自主权并由社会成员自愿结合而形成，以保护或增进他们的利益或价值
邓正来	公民社会是指社会成员按照契约性规则，以自愿为前提和以自由为基础进行经济活动、社会活动的私域，以及进行参政议政活动的非官方领域
张骐	公民社会是指包含了由个人、民间团体之间的自愿安排来组织的若干社会生活领域的政治共同体，是介于国家和家庭之间的一个社会相互作用领域及与之相关的价值或原则
俞可平	公民社会是国家或政府系统，以及市场或企业系统之外的所有民间组织或民间关系的总和，它是官方政治领域和市场经济领域之外的民间公共领域

资料来源：据互联网资料整理

间的一个领域。通常而言，一个成熟的公民社会往往会表现为那些为了社会的特定需要，为了公众的利益而行动的组织的成熟与发展，诸如慈善团体、非政府组织（NGO）、社区组织、专业协会、工会等的兴起及其作用的有效发挥。

公民社会与传统社会的区别

从世界范围来看，公民社会的建立是一个长期的过程。如果从15

世纪文艺复兴开始算起，西欧经历了500多年的历史才进入了公民社会。文艺复兴并没有否定宗教的权威，但大大提高了人的地位。16世纪的宗教改革摧毁了教皇的权威。17世纪开始的启蒙运动最终将人从权威的束缚下解放出来。

传统社会建立在权威之上。传统社会中没有个人的地位，个人必须服从各种权威。比如，在奴隶社会，个人要服从军事和暴力的权威；在集权专制社会，个人要服从政治的权威；在政教合一的专制社会，个人要服从精神的权威，等等。在传统社会中，制度设计的终极目标就是为了维护权威。传统社会是以人的不平等为前提的，奴贱主贵，臣贱君贵，民贱官贵。即使不符合个人的意愿，卑贱者也必须接受和服从这些预先确定的权威，传统社会从其构建的出发点上即无公平可言。

公民社会则是以个人为基础的，是一个由多元开放的民间组织所形成的公共领域。公民社会的终极目标是为每个人创造自我发展的同等条件和机会，而且公民社会制度的设计也完全服务于这个目标。公民社会不承认权威，在公民社会中，至高无上的是个人的权利。与传统社会比较，自主、多元、开放是公民社会的基本特征。

首先是自主。公民社会很多时候是由非政府组织组成的，就是说它们不是政府的一个部门，是在政府之外的，可以和政府的许多部门打交道，但不是政府的一部分。所以它是完全自愿的，不是谁禁止，也不是

□ 公民社会的主要特征

自主	公民社会的组成很多时候是非政府组织，是在政府之外的
多元	公民社会里的非政府组织是多元的，它们可以有不同的价值观念，它们关注的问题是不同的。公民社会里有很多不同类型的组织存在
开放	在公民社会，参与是一种美德，参与是一种责任。这种参与是开放的，可以来去自由

□ 公民社会在公共治理中的双重身份与多重角色

公民社会作为管理的主体	民间组织通过“体制内”的方式实现了与政府的沟通，民间组织生存在一个政治沟通渠道和信息输入渠道稀缺的现有政治体系中，“官民二重性”所建立起来的渠道对于民间组织来说是重要甚至是唯一的官民沟通渠道
公民社会作为管理的对象	政府通过对民间组织的监控解决了政治发展中的“权威流失”问题，为变革社会中的秩序维持提供了重要的权威资源
公民社会的多重角色	政治民主的捍卫者、经济发展的促进者、公共服务的提升者、公共价值的维护者、社会稳定的支持者

资料来源：据王艺蓉《公民社会中公民意识在提升参与公共管理中的作用》摘编

谁强迫的一种自主参加。

其次是多元。公民社会里的非政府组织是多元的，它们可以有不同的价值观，它们关注的问题是不同的。公民社会里一定有很多不同类型的组织存在。它们之间也可能有不同的看法，利益也可能有冲突，呈现出一种多元的特征。因此，宽容是公民社会最重要的美德，公民社会里可以有不同的团体，每个组织关注的利益不同，对事情的看法不同，相互之间可以存在利益冲突。

最后是开放。在公民社会，参与是一种美德，参与是一种责任。它强调如果不参与，那么人是没办法发展自己的，要把人的潜能发挥出来，过一个有意义的人生，就一定要有一个公众领域来参与才行。这种参与是开放的，即可以来去自由。

公民社会与公共治理

现代公共治理最突出的特征之一是管理主体的多元性，它是政府与公民社会对公共生活的一种合作管理，是公共权力向社会的一种回归。公共治理有赖于公民社会的自愿合作和其对权威的自觉认同。公民社会与公共治理的关系，可以从两个方面来理解。

一方面，公民社会在公共治理中具有管理主体和管理对象的双重身份，而且这种双重身份在公共治理的过程中又以其各自的特征优势起着不可替代的重要作用。

首先，作为公共治理的主体，公民社会与政府一起对社会公共生活进行合作管理。在这个过程中，公民社会以它来自基层、灵活多样的特性弥补了政府的种种不足和有限性，从而可以大大提升管理的效率和效果。同时，公民社会在与政府的合作过程中，能够有更多的机会了解到政府的权力运行，从而可以起到对政府更有效的监督作用。此外，在公共管理的过程中，健康有益的社会组织可以得到政府和社会更好的认可，这些组织以共同目标和信念把人们聚集到一起，在这个过程中人与人之间增强了彼此的信任，提升了公益精神，从而有利于社会资本的积累。

其次，作为公共管理的对象，公民社会在参与管理的同时可以切身感受到公共治理的效果，从而可以以公共治理接受者的身份对公共治理的效果做出判定以利于实现公共治理的最优化。通过公民社会组织，公民在参与社会公共事务管理的同时又以普通社会成员的身份为政府增强了合法性。公共治理的过程也是公民社会完善的过程，公民社会的完善又可以促进更好的公共治理。

另一方面，作为当代公共治理的一支重要力量，公民社会在这个过程中扮演着多重的重要角色，以其特有的价值诉求与功能表达影响着公共治理的成效。

第一，公民社会是政治民主的捍卫者。公民社会的自主发展能有效地监督和制衡国家的权力，从而能有效地遏制公共权力的专断倾向；公民社会可以为公民的利益表达提供多样的表达形式和途径，保障公民利益表达的通畅，从而提升民主政治的代表性与生命力；此外，公民社会对培育公民的民主参与意识具有积极的作用，能够强化民主的社会基础从而推动社会民主的发展。

第二，公民社会是经济发展的促进者。公民社会是一个以契约、法制、自由、平等、竞争为价值准则的社会，这为市场经济的运行提供了良好的市场环境。此外，公民社会中的工会、行业协会等团体组织可以起到规范行业行为、稳定经济秩序的作用。

第三，公民社会是公共服务的提升者。由于公共需要的多样性和政府的有限性，政府不可能为社会做好所有的公共服务。而以第三部门为核心的公民社会因其具有来自基层、灵活多样的特征“去私存公、取私为公”的“非营利”特性以及其服务社会、自助自主的公共精神，恰好成为公民参与公共服务的良好渠道，并能有效弥补政府在公共服务上的缺陷和不足，公民社会组织可以通过委托承包、志愿服务、自助服务等方式和途径，去做那些政府未做、不想做或不宜做但却符合大众需求的公共服务，从而使社会公共服务的水平大大提升。

第四，公民社会是公共价值的维护者。与其他领域一样，公共生活领域同样存在着对共同价值的追求。公共生活领域的善就是公共价值，它包括公民对公共生活的态度、责任与义务，对他人的尊重与关爱，对社会正义的维护以及公民的公益思想与修养。公共治理的核心是为了增进人类的公共利益和福祉，其中实际上包含了对公共价值的追求：公民社会是公共管理的对象，它同时又是公共管理的主体构成之一，公民社会的精神与价值必然会影响到公共管理的目标和价值。公民社会所倡导的诸如参与、友爱、信任、互惠、宽容、合作、平等、公正、开放、多元等价值理念，对于维护良好的公共价值具有重要的作用。

第五，公民社会是社会稳定的支持者。公民社会能够在个人和社会之间提供一种有益的中介结构。这一中介结构可以为不同的群体和阶层的利益诉求提供表达途径，同时又可以对他们的利益诉求进行整合还可以为社会成员提供宽松的活动空间，满足他们多样性的愿望要求，同时起到排解社会怨气、释放社会压力的作用。可以说公民社会是一个社会和谐发展的稳定器、缓冲器和调节器。

公民社会与全面改革

公民社会的发展实际上是当前中国全面深化改革的突破口之一。一方面在 30 多年改革开放的基础上，经济体制改革的深化，需要公民社会的发展作为保证与支撑；另一方面，政治体制改革与民主建设，需要公民社会的发展为其做准备。“人民是改革的主体”，这是十八届三中全会最掷地有声的话语。

建设公民社会是市场经济持续健康发展的保证

如前所述，公民社会是一个以契约、法制、自由、平等、竞争为价值准则的社会，这为市场经济的运行提供了良好的市场环境。中国的市场经济正处在持续推动、深化改革的过程中，不规范、不健全之处很多。因此，非常需要公民以各种形式进行积极参与和提供建设性帮助。比如，近年来消费者权益保护活动对市场经济秩序的建立健全起到很大的作用；各类私有与民营企业已成为中国市场经济的主体；由公民依照法律程序组建的各类志愿者团体和中间组织已成为中国市场经济不可或缺的组成部分。同时应该看到，市场经济不是万能的，无论是发展中国家还是发达国家，都有许多市场难以解决的问题，如公平与效率的矛盾、经济周期与失业、垄断与竞争、地区间发展不平衡、信息不对称等。显然，解决这类“市场失灵”的问题，光靠国家干预是不够的，甚至是有反作用的。而培育公民社会，如发展私有经济与民营经济，发挥社会中间组织的作用，建立社会协商对话的管道，建立健全社会信用、社会保障、社会保险体系则往往可以收到良好的效果。中国之所以需要公民社会，是因为市场经济的持续发展需要公民社会的支撑。

建设公民社会是民主政治取得突破进展的基础

民主政治的建设更有赖于公民社会的推动。柏拉图在《理想国》中说过，政治制度是从城邦公民的习惯里产生出来的。基层民主自治如村民自治、社区自治本身就是公民社会的一部分。政治改革与政治文明建设亦有赖于公民的积极参与。法治建设与公民的参与，如公民的立法建议、律师的努力工作、中间组织的介入等密不可分。宪政民主的逐步实现也要依靠公民社会的推动（如行宪、护宪、修宪以及落实宪法规定的公民权利与基本自由）。宪法学者范亚峰指出，宪政建设的核心就是公民权利与国家公共权力的恰当安排。宪政建设的三个基本观念：人道政府、有限政府、法治政府，都需要公民社会的支持。

公民社会与社会转型

中国公民社会的发展历程

中国公民社会的发展历程是与30多年的改革开放密不可分的，总体上来看，可以从以下四个方面来进行回顾。

中国公民社会在改革过去高度集中的计划经济体制，推行以市场为导向的经济改革中萌芽。改革开放以来，以市场为导向的经济改革使得社会需求展现了多元特征，也使得公民形成了多元的、个性化的独立思想意识。公民独立意识的增强又使其有可能自由地组成和参与各种社会组织，有利于公民社会组织的生存和发展。这是因为市场经济是公民社会赖以产生的前提。事实上，公民社会所要求的个人自由、平等观念、自主意识等精神价值，只有在市场经济中才能得到萌发和壮大。市场经济所释放的巨大能量打破了基于地缘和血缘所形成的陈旧的社会关系，唤醒了人们的利益意识，催生了契约观念。

中国公民社会在政治体制改革和民主法治建设的逐步推进过程中得到发展。改革开放以来，通过政治体制改革和民主法治建设，公民有序政治参与热情高涨，民主权利得到保证，为公民社会的成长提供了政治条件。随着经济体制改革的不断深化，政治领域的改革也有条不紊地向前推进。尽管在中国，政治体制改革明显滞后于经济体制改革，但仍是公民社会在中国发展的重要条件。在一个正处于快速经济化和社会转型、复杂性不断增加的社会中，国家需要越来越多的自愿参与解决社会问题的公民。

中国公民社会在宏观法律制度环境的改善促进过程中得到了成长。20世纪80年代以后的相关立法为公民社会的发展提供了大量的法律保障。如《民法通则》和《民事诉讼法》确立了民间组织的法律主体地位，还有《中华人民共和国公益事业捐赠法》《妇女权益保障法》，等等。同时中央政府还颁布了《社会团体登记管理条例》《民办非企业单位登记管理条例》《基金会管理条例》和《外国商会管理暂行规定》四个法规，确立了中国公民社会组织的基本制度框架，使得公民社会在中国的成长得到了制度化和法制化的保障。

中国公民社会在融入全球化、网络化的进程中加速发展。全球化进程为中国公民社会的发展提供了国际环境。中国在参与全球竞争的过程中，必须积极参与国际公民社会组织并形成自己的民间组织。网络化方式把中国公民社会发育和生长置于全球化的宏观背景中，通过对权力与权威的消解和个体权利的伸张，不仅摆脱了传统社会关系状态与观念舆论的束缚，而且激发与强化了社会成员的主题意识、权利意识等。网络虚拟空间由此成为公民社会精神与公民身份意识萌芽的沃土，为中国公民社会转型提供了全新的平台和开阔的精神空间。

公民社会的发展特点与发展困境

中国公民社会有其发展的独特性，而这种独特性也反映了中国公民社会的“成长性”特征，即与西方成熟的公民社会相比，中国公民社会正处于兴起和成长过程中，还远远没有达到西方的那种成熟阶段，与成熟阶段的公民社会相比，中国公民社会具有许多过渡性的特征。

一是中国公民社会主要是在政府的推动下发展起来的，是以政府为主导的，所以其成长特征是政府推动型，这也是中国公民社会发展与西方国家的不同之处。中国公民社会是在政府主动扶持、让渡部分资源和公共管理职能的过程中产生和成长起来的。它与政府的机构改革和职能转换密切相关，是政府改革及职能社会化的产物。这种以政府为主导的政府推动型模式，不仅存在于公民社会的构建过程中，还表现在中国社会生活的各个方面。这种发展模式要求中国在公民社会的建设方面，必须充分发挥政府的主导作用，同时做到在一些非重要领域适当放权，为公民社会在中国的发展提供空间。

二是中国公民社会的成长阶段特征表现出“大而弱”和不规范的特性。中国的公民社会组织和西方相比，数量庞大，规模巨大，但组织能力、自治能力和行动能力非常弱。即以政府为中心的公民社会组织，为政府部门拾遗补阙能力强，自主性及与政府分权能力弱，而且组织制度和民主治理机制也不完善，在营利与非营利、政府与非政府的性质边界上模糊性很大。中国公民社会组织能力、自制能力和行政能力弱的特点也是由上级政府推动型影响的，作为一个强政府的国家，必然会在一定程度上导致民间组织的能力明显低弱，这样的特点使得公民社会并不能

□ 中国公民社会的成长性特征

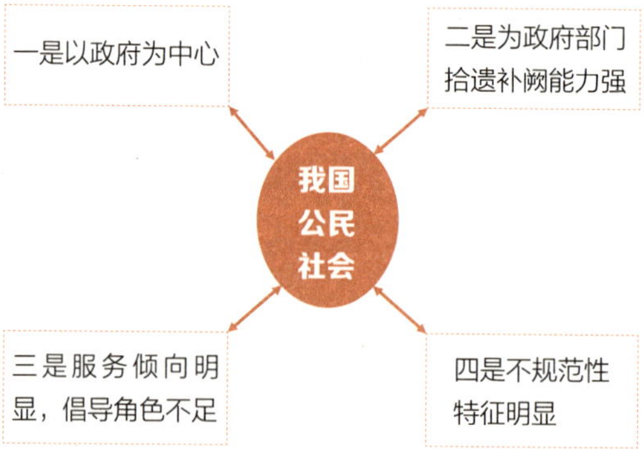

资料来源：郑全红、刘贞晔：中国公民社会的成长及其特点，《中国特色社会主义研究》2010年第4期

□ 中国公民社会政府主导性的运作方式

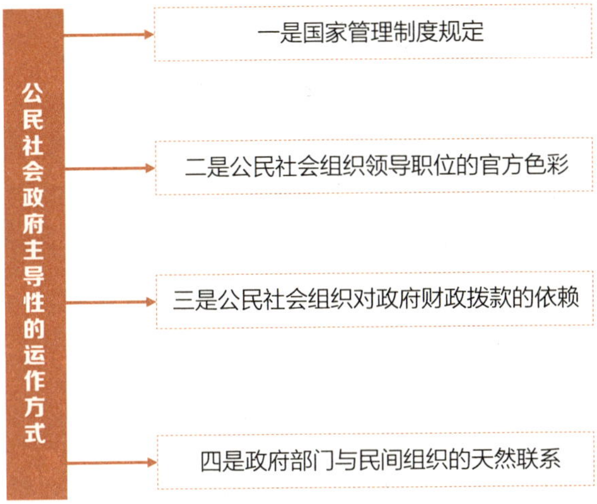

资料来源：郑全红、刘贞晔：中国公民社会的成长及其特点，《中国特色社会主义研究》2010 年第 4 期

在一定程度上分担政府的部分责任，反而使得政府的职责加重，如此恶性循环加剧中国公民社会的“大而弱”的特点。

□ 截至 2012 年中国社会组织的发展规模

名称 / 年份	2005	2006	2007	2008	2009	2010	2011	2012
社会团体（万个）	17.1	19.2	21.2	23.0	23.9	24.5	25.5	27.1
民办非企业单位（万个）	14.8	16.1	17.4	18.2	19.0	19.8	20.4	22.5
社会组织（万个）	32.0	35.4	38.7	41.4	43.1	44.6	46.2	49.2
基金会（个）	975	1144	1340	1597	1843	2200	2614	3029

资料来源：中华人民共和国民政部网站

专栏

汶川大地震带给我们的启示

在中国公民社会尚待成熟的条件下，政府应授权社会组织，让它们承担对志愿者的培训和引导，让志愿者通过社会组织参与到抗灾行动中。从某种意义上说，非营利组织的成熟发展状况体现了社会的整体成熟发展状况。非营利组织要走上健康发展的道路，一方面要靠组织自身不断地规范内部管理，明确制度纪律，强化道德操守；另一方面要加快中国社会整体的法律和制度建设，尤其是针对非营利组织的专门性法律法规的制定就显得更加迫切。通过法制建设来规范非营利组织的发展，明确非营利组织的社会地位，充分发挥其在公共管理领域的积极作用，走制度化发展之路，是防止非营利组织异化的可靠保证。政府要把推行政府机构改革、转变政府职能与发展非营利组织有机结合起来。既要从政策和经济上给予积极支持和规范，引导其健康发展，为社会发展贡献力量；又要放开手脚，维护其相对独立性，使它获得进一步发展的空间，从而做到相互协调，彼此联动，合力推动社会有序发展。

资料来源：《领导之友》2008 年第 5 期

三是具有明显的官民双重性。在最初的发展阶段，国家管理制度规定，任何民间组织的登记注册都必须挂靠到一个正式的党政机关作为其主管部门和主管单位。现在，这一状况已经有所改善。2011 年 7 月，时任广东省委书记汪洋在广东省委十届九次全会中，首次提出要放宽民间组织登记注册门槛。但公民社会组织的领导职位依然带有强烈的官方色彩，公民社会组织对政府财政拨款也有严重的依赖性。可以说，这种“官民二重性”典型地反映了中国公民社会的“成长性”特征，反映了中国公民社会的非自发性。在中国，市场经济还不够完善，官方经济而不是私人经济还控制和垄断着许多重要经济领域和行业，这使得民间组织带有“早产性”“不成熟性”和“不规范性”。

四是由重大事件引领和推动。民间组织是公民社会的基础和主体。民间组织的大量存在和快速发展是公民社会发展的前提。志愿者和志愿者组织的存在，是公民社会形成的标志。很多学者认为2008年是中国公民社会发展的元年，那么2008年中国留给公众印象最深的是什么？除了盛大的奥运会外，恐怕就剩下四个字：多灾多难。冰灾、矿难、火车脱轨以及那场举世瞩目的大地震。灾难唤醒了更多公民的志愿服务意识，中国志愿者大量出现，汶川大地震中几十万志愿者和许多民间组织在抗震救灾中发挥了重要作用，他们的义举不仅仅是出于爱心，更代表着现代社会的转型与成熟。北京奥运会上志愿者的优异表现，也为中国社会事业进一步转型升级提供了前所未有的机遇。

公民社会政府“善治”

公民社会兴起的过程实质上就是一个国家还权于民、社会自治、政府与公民合作共治的过程。而这一过程的实现必然要推动政府治理模式发生深刻变迁。因为中国现在的政府治理过程还存在许多问题，比如政府的服务意识淡薄、政府提供的政治参与渠道不畅通、政府的公共服务供给能力相对不足、行政授权和体制性腐败等问题都还没有得到很好的解决等。这些问题的存在一方面与公民社会的兴起有矛盾、有冲突，如果处理不当将会严重制约公民权利与利益的实现；另一方面也需要在公民社会的发展过程中有针对性地解决好这些问题。这就需要进一步明确中国公民社会发展的基本方向。

从"发展型政府"转变为"服务型政府"

随着中国公民社会的兴起，公民的权利意识和利益要求日益强烈，这就要求政府把公民权利放在首要的位置，政府的一切行为都要以公民的利益为出发点和归宿。而事实证明在中国传统的政府本位的治理理念下，公民的权利与利益的实现受到严重制约，政府本位的治理理念已经无法满足公民社会的多样化需求。现代政府治理理念的道德理想目标是公民本位，即政府承担起政府责任，在民主和公平的前提下为社会提供优质的服务，满足公民不断增长的权利与利益诉求。这既是政府履行公共服务职能自身不懈的价值追求，也是对公民社会兴起的有效回应与必然选择。服务型政府也因此应运而生。作为现代政府治理理念的内涵，服务型政府的理念应具有以下特征：

第一，在行政理念上，以公民、社会为本位而不是以国家或政府为本位。传统政府治理模式均以政府自身及其权力为本位，这种陈旧的理念有悖于时代发展和社会的进步，造成对于公民权益的无视和侵害。"公民本位"意味着政府必须主动顺应公民社会兴起的时代潮流，树立以公民、社会为本位的行政理念。

第二，在角色定位上，政府应该担当起公共服务的职责。在传统政府治理模式中，政府凌驾于社会之上，是统治者或者管理者，公民的需求被忽视。在中国，很长一段时间以来，发展成为政府的主要目标。而在公民本位的治理模式下，政府角色必须重新定位，由"公婆"向"公仆”转变，政府成为公共服务的主要提供者。

第三，在互动方式上，政府具有较高回应性。政府必须能想公民之所想、急公民之所急，把公民当成顾客，对顾客提出的要求迅速地做出回应，并以较高的效率来满足顾客的需求。强调政府对顾客负责，建立灵活迅速的顾客抱怨处理机制和顾客回应系统，加强政府与顾客之间的信息、情感等方面的交流与沟通，可以提高顾客的参与程度，满足顾客的求知需求、交往需求、尊重需求和表现需求，使顾客获得最大限度的满足。

由此可见，公民社会的发展要求政府必须放弃过去的管理者的角色定位，抛弃旧的治民观念或“为民做主”的理念，而应定位于服务者的角色上。把为社会、为公众服务作为政府存在、运行和发展的基本宗旨，确立“为公民服务”和“人民做主”的理念。这就需要政府的治理模式必须彻底转变，即由发展型政府向服务型政府转变，并将服务作为一种基本理念和价值追求，这对于公民社会的发展以及政府治理效率的提高都有着重大的现实意义。

从“大政府”转变为“大社会”

公民社会发展的基本方向之一，就是政府在治理过程中大量引入社会组织的合作，逐步从大政府向大社会过渡。

新中国成立以后，在传统计划体制下社会领域被国家化，政府与社会处于高度一元化结构状态，由此形成了政府与社会高度合一的一元化社会治理模式。治理主体一元化，即政府是唯一的社会治理主体，国家几乎垄断了所有的社会资源，控制着所有的社会空间，并利用单位体制形成了政府、单位、个人垂直单线式的治理模式。改革开放以后，政府内部进行治理改革，重新界定政府部门的职能，压缩政府机构，改革公务员制度。政府逐渐从社会微观领域中退出，减轻了对社会的制约和限制，激发了社会尤其是经济领域的微观主体的活力，社会自主能力和空间不断得到提升。但由于中国的社会自治力量是在计划体制之外生长出来的，原先的计划体制并没有得到根本性改变，政府仍然保持着在社会治理过程中的至上地位，采取自上而下的治理方式。这种全能政府的治理模式造成了许多负面的影响。一是政府的全能治理扼杀了公民社会的积极性和创造性，剥夺了公民管理社会公共事务的权利，不利于公民参政议政的民主意识的形成，更不利于中国政治民主化过程的推进。二是政府治理成本的增加影响政府效率。政府机构的膨胀，大量的人力和财力的扩充使政府入不敷出，影响政府治理的效率从而使政府无法有效地履行其职能。三是政府权力的垄断与集中造成了行政权力的滥用。任何权力都应该是有限的，不受限制的绝对权力必然导致腐败，政府权力也不例外。当政府权力过多涉足社会领域，掌握和控制过多的社会资源和空间，其必然为进行寻租活动留下广泛的空间。寻租活动不仅造成了社会的不公，损害政府的合法性，而且也削弱了政府的治理能力。

公民社会的兴起要求社会治理主体由一元化向多元化转变。随着人类社会的成长，社会越来越分化为多个治理单位，作为政府和市场的有效补充，与之共同承担社会管理和公共服务的任务，以自己特有的力量，推动中国建立公共管理多元治理的格局，这是一个不可逆转的潮流。与此同时，社会公共事务将会日益复杂和繁重，公共事务管理主体也将必然走向多元化。从中国的发展趋势来看，公民社会将不断发展、壮大和成熟，大量的公共事务应由社会来自行管理，一些特定事务才由政府组织承担。中国自改革开放以来，社会中介组织、社区组织、民办非企业组织和其他社会团体迅速发展，社会公共事务管理主体的多元化是社会变迁和公民社会发展的必然结果。党的十六届四中全会《中共中央关于加强党的执政能力建设的决定》第一次提出了要“建立健全党委领导、政府负责、社会协同、公众参与的社会管理格局”。它要求在充分发挥党委、政府作用的同时，发挥好基层自治组织、社团、行业组织和社会中介组织的作用，加强政府与社会的合作，形成社会治理的合力。这种新型的合作治理模式强调政府、社会、公民在相互协调中共享权利，共同分担公共治理的责任，实现对公共事务合作管理。从这个角度说，政治治理模式由社会治理主体一元化向多元化转变切实地回应了公民社会的多元化趋势。

从“善政”转变为“善治”

20 世纪 90 年代以来，在西方“新公共管理运动”中成长起来的治理（Governance）和善治（Good Governance）的理念和模式对中国产生了日益广泛的影响。那么什么是善治呢？学者俞可平认为，善治就是使公共利益最大化的社会管理过程。善治的本质特征，就在于它是政府与公民对公共生活的合作管理，是政治国家与公民社会的一种新颖关系，是两者的最佳状态。善治实际上是国家的权力向社会回归，善治的过程就是一个还政于民的过程。从全社会的范围看，善治离不开政府，但更离不开公民。善治有赖于公民自愿的合作和对权威的自觉认同。所以善治的基础与其说是在政府或国家，还不如说是在公民或民间社会。从这个意义上说，公民社会是善治的现实基础，没有一个健全发达的公民社会，就不可能有真正的善治。通过研究国外的治理和善治理论，结合中国公共行政的实践，国内学者认为善治的基本要素有六个：

一是合法性，它指的是社会秩序和权威被自觉认可和服从的性质和状态。合法性越大，善治程度越高。所以善治要求有关的管理机构和管理者最大限度地协调公民与政府之间的利益矛盾，以便使公共管理活动取得公民最大限度的认同。

二是透明性，它指的是政治信息的公开性，政治信息要能够及时通过各种传媒为公民所知，以便公民能够有效地参与公共决策和监督过程。

三是责任性，它指的是人们应当对自己的行为负责。它意味着公共管理人员及管理机构由于其承担的职务而必须履行一定的职能和义务。没有履行或不当履行应当履行的职能和义务，就是失职，或者说缺乏责任性。

四是法治性，它指的是法律是公共政治管理的最高准则，任何政府官员和公民都必须依法行事，在法律面前人人平等。法治的最终目标在于保护公民的自由、平等及其他基本政治权利，它要建构的是充分尊重法律的社会秩序，这是善治的基本要求。

五是回应性，它指的是公共管理人员和管理机构必须对公民合理的要求和期待做出及时的和负责的反应，回应性越大，善治的程度也就越高。

六是有效性，这是指管理的效率。善治概念与无效的或低效的管理活动格格不入。善治程度越高，管理的有效性也就越高。

由于善治是一个还政于民的过程，如果没有一个健全和发达的民间组织和公民社会，就不可能真正实现善治。个人的自我目的不可能自我实现，而必须在与他人追求共同的理想中才能实现。真正卓有成效的公民参与，必须是有组织的参与。所以发展公民社会，不仅能够体现民主政治的发展、国家权力向社会的回归、还政于民的过程，而且是实现政府有效治理的基础。没有一个健全和发达的公民社会，就不可能实现政

专栏

善治的概念

善治就是使公共利益最大化的社会管理过程。善治的本质特征，就在于它是政府与公民对公共生活的合作管理，是政治国家与公民社会的一种新颖关系，是两者的最佳状态。善治的基本要素之一便是参与。这里的参与首先是指公民的政治参与，但不仅是政治参与，还包括公民对其他社会生活的参与。后者可能会越来越重要。善治实际上是国家权力向社会的回归。善治的过程就是一个还政于民的过程。俞可平教授表示，善治表示政治国家与公民社会或者说政府与公民之间的良好合作。从全社会范围看，善治离不开政府，但更离不开公民。善治有赖于公民自愿的合作和对权威的自觉认同，没有公民的积极参与和合作，至多只有善政，而不会有善治。

资料来源：据互联网资料整理

府良好的治理。因此，要加快公民社会的发育与成长，使其成为公民参与的重要依托和途径。一个民主政府在进行决策之前与各社团进行商讨，具有重要的意义。这不只是为了选定受欢迎的政策，也是为了缓和与那些受损者之间的摩擦，因为这些受损者至少会认为他们的意见曾被且将会再被政府听取。 善治的实质在于政府与公民的良好合作，但是这种合作并不总是直接的，相反常常需要一个中介组织的协调，民间组织就是这样一个中介。一方面，各种公民社会组织及时把其成员对政府的要求、愿望、建议、批评集中起来，转达给政府；另一方面，它们又把政府的政策意图和对相关问题的处理意见转达给其成员。公民社会组织在这一利益协调过程中，推动了政府与公民的合作，促进了公民的政策参与，并最终达至政府善治的实现。

社会治理创新的基层案例

以党的十八大和中国梦的提出为标志，中国社会治理进入新的发展阶段。在这一阶段，正确研判中国社会发展的基本形势，科学预测中国未来社会治理创新重点，对于指导中国社会治理、推动社会建设具有重要的意义。社会治理的重点在基层，难点在基层，实践也在基层。本文通过分析中国社会治理创新的典型基层案例，梳理做法、总结经验、预判趋势，以期为中国社会治理创新提供借鉴和参考。

大连西岗日新街道："民生十梦"让中国梦照进现实

西岗区日新街道位于大连市中心区域，辖区面积 2 平方公里，常住人口 5 万余人。先后荣获全国未成年人思想道德建设先进单位、全国安全社区、全国敬老爱老模范单位、辽宁省先进党委、辽宁省文明单位标兵、大连市先进党委、大连市先进集体等荣誉称号。在习近平总书记提出“中国梦”之际，日新街道积极思考将宏大的“中国梦”与每个人建立联系，通过建立“民生十梦”，实实在在解决百姓生活中的实际问题，让每个人参与“中国梦”、受益“中国梦”，让“中国梦”就在百姓身边，使“中国梦”走进每一个人的心中。

为民服务的光荣梦

日新街道现有党员2490名，建成3个非公党委、10个党总支和75个党支部。为了做好服务工作，日新街道将社区党建的出发点和落脚点放在“保障民生，服务群众”上，充分利用社区各级党组织的组织优势和政治优势，充分发挥党员的先锋模范作用，组织和发动各级党组织和党员走进社区，走进楼院，走进居民家庭倾听群众呼声，了解群众需求，解决群众困难，帮助群众解决问题，实现梦想。

目前，48个楼院党支部共成立了160支党员志愿服务队，建立了82个党员示范区和240个党员模范岗，做到“一人一岗、一岗一责”，在楼院里带头开展绿化美化环境、维护楼院治安、宣讲文明道德、调解邻里矛盾、解决邻里困难和温暖空巢老人等各项志愿服务活动。为确保党员服务工作扎实到位，日新街道给每个人每年提出了五项“硬指标”，即每人负责一个社区网格，每人承包一个和谐楼院，每人帮扶一个贫困家庭，每人解决一个民生难题，每人撰写一份民情报告。根据统计，2013年以来，街道党支部共收集社情民意86条，为群众解决难题210件，赢得了居民群众的认可。

当家做主的主人梦

从 2000 年开始，日新街道所属 6 个社区就成立了社区居民议事协商委员会，通过协商，解决社区居民群众心里的疙瘩与矛盾，让居民群众当家做主，参与管理辖区事务。多年以来，有关社区的事和百姓的事，街道放权让居民自己管、自己议、自己定、自己做；每一个涉及民生的决策，百姓都有知情权、参与权、决策权、监督权和评议权。在此基础上，日新街道在每个楼院里都成立了楼院事务协商管理委员会，委员会经楼院的全体居民选举产生，由 5—7 人组成，代表楼院居民对上沟通协调，对内管理服务，承担起管理楼院服务居民的责任。具体包括：组织居民对楼院的建设和发展问题进行讨论和决策，及时向社区、街道反映居民群众的要求和楼院建设的困难，组织居民开展各种有意义的楼院活动，组织居民在楼院内开展护绿、矛盾纠纷调解、环境卫生保洁、治安巡逻、邻里互助等方面的自治活动。

日新街道居民议事协商活动，就是让百姓能摸着自己的心过生活，实现楼院居民的自我管理、自我教育、自我服务与自我监督，给居民重新审视自我的机会，把自己放在社区主人的位置，在让居民享有自治权利的同时，也减轻了政府社会治理任务。

中华美育的公德梦

全面提高公民道德素质是社会主义道德建设的基本任务，也是社区精神文明建设的最终目标。日新街道党工委、办事处深入开展社会主义核心价值体系教育和公民道德实践活动，让文明新风吹到居民楼院的每

□ 大连日新街道“民生十梦”主要内容

光荣梦：48个楼院党支部成立了160支党员志愿服务队，建立了82个党员示范区和240个党员模范岗，做到“一人一岗，一岗一责”，在楼院里带头开展各项志愿活动

公德梦：以“我们的节日”为主题，举办中华经典朗诵、民俗技艺展等节庆活动；以“文明在身边”为题，开展文明行动大家拍、大家画、大家查、大家评等公民道德实践活动

主人梦：由楼院的全体居民选举5—7人成立社区居民议事协商委员会，代表楼院居民对上沟通协调，对内管理服务，承担起管理楼院、服务居民的责任

平安梦：建立和实施社情民意收集机制、居民诉求表达机制、矛盾纠纷调处机制、警民群防群治机制彻底排查隐患，化解纠纷

教育梦：利用社区教育基地开设20个课堂，每年设计30个专题教育内容，从形势政策教育到公民道德教育，从国学讲座到健康讲座，从青少年教育到老年人教育等

智民梦：开发智慧家庭（ihome）“E家E本”应用系统；加强智慧社区建设，实现养老助残、智慧医疗、便民服务、电子政务和物业管理五项突破

文化梦：丰富多彩的主题文化活动，打造特色文化队伍，日新街道成立书画、舞蹈、音乐、摄影等81支由1500余名文化骨干组成的特色文化团体和队伍，他们常年活跃在社区中

楼院梦：把整治楼院环境、改善居民条件作为切入点，清除楼道乱堆乱放物品，清除楼院卫生死角，粉刷楼道墙体门面，从楼道到楼院卫生都得到很大改观

帮扶梦：形成以“扶贫帮困基金、慈善基金、红十字基金、助学基金、党内关爱基金、关爱女孩基金”6个基金，帮扶“贫困家庭、残疾家庭、空巢老人、贫困学生、困难党员、困难女孩及困难母亲”6个方面的帮扶对象为主要内容的“六六”帮扶机制

养老梦：在机构式养老、居家式养老、医疗康复养老、社区关怀养老的基础上，创新推出了日托式养老服务模式；在各个社区办起老年大学，组建各类老年文体健身组织，实现了老年人不出社区就能老有所学、老有所乐的目标

个角落。街道以“我们的节日”为主题，举办了节日升旗仪式、中华经典诵读、民俗技艺展示、传统文化展演等喜闻乐见的节庆活动，传承民俗文化，厚积民族自豪感；以“文明在身边”为主题，开展了文明行为大家拍、大家画、大家查、大家评等公民道德实践活动，提高了居民道德素养，形成了昂扬向上的文明风尚；以“讲文明、树新风”为主题，开展“我推荐、我评议身边好人”活动，一批居民身边的“道德人物”“社

区好人”“身边雷锋”“好楼长”“好邻居”受到表彰；以“志愿服务在社区”为主题，组织开展“认领楼院示范岗”“环境美化我先行”“文明礼仪我示范”“文明交通我维护”等志愿服务行动，吸引更多的居民为大连这座文明之城增添色彩。

和谐稳定的平安梦

平安稳定是社区和谐发展百姓安居乐业的基础性工作。近年来，西岗区日新街道党工委、办事处通过建立和实施社情民意收集机制、居民诉求表达机制、矛盾纠纷调处机制、警民群防群治机制，排查隐患，化解纠纷。对内，街道将辖区划分为170个网格，设立了8个社情民意收集队，随时随地了解和听取居民的意见和需求；街道下属6个社区都建有党代表、人大代表、政协委员居民接待室，定期接待居民来访，及时掌握民情舆情，快速解决各种问题；街道还结合365服务内容，设立窗口，专门负责接待来人来访、接听热线电话、查看网络留言，汇总当日民情，形成“每日民情报告”。对外，街道建立了360名“五老”人员和楼院保洁员组成的12支邻里互助、义务看护队伍，180余人参加的社区维稳志愿者队伍，设立了49个报警点，形成了以公安为主力军、专职治安员为骨干、义务巡逻队为辅助的社会治安群防网络；同时，他们还在辖区重点区域、主要路街、繁华商业区和居民区安装了70个电子监控探头，实施24小时电子监控。而在“红梅调解室”这一品牌的示范和带动作用下，日新街道6个社区相继成立了“法律驿站”“律师帮你办”“登门唠嗑队”等矛盾纠纷调解服务组织，普及法律知识、化解民生纠纷，让邻里之间的关系变得更亲和更友善。

□ 日新街道党员五项“硬指标”

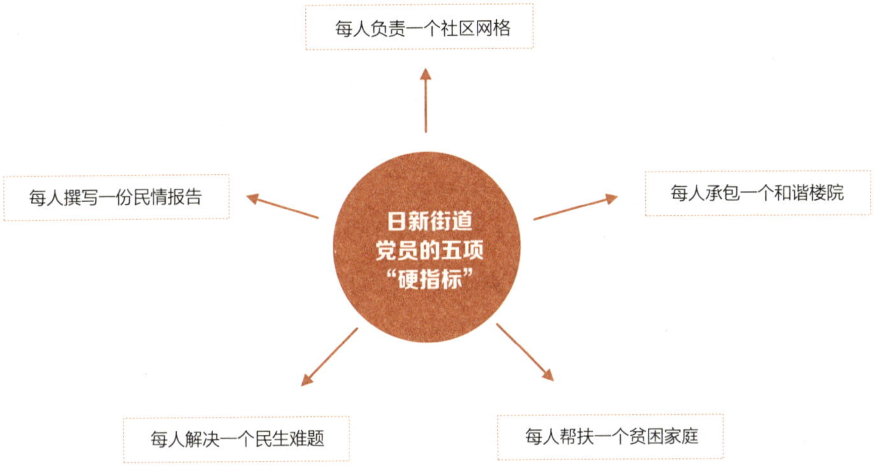

老少皆宜的教育梦

从 2009 年起，日新街道利用社区教育基地开设了 20 个课堂，每年设计 30 个专题教育内容，服务百姓。这些教育内容从形势政策教育到公民道德教育、从国学讲座到健康讲座、从法律知识到科普知识、从青少年教育到老年人教育等，全方位多角度地吸纳了辖区居民的多种需求。仅在 2012 年，日新街道就举办了 47 场次文化教育活动，面向居民设置了时事政治、健康生活、家庭理财、安全常识、科学普及、心理辅导、艺术鉴赏、网络技术等多领域的知识内容。

日新街道将教育引入社区，让百姓重上学堂，把“知识点亮生活”的种子播在每个人的心里。也许居民们学的东西不专业不高深，但在不断的积累实践中，他们找到了自我价值，也找到了生活乐趣。

信息时代的智民梦

日新街道建立智慧家居管理系统，开展智慧家庭建设工作。智慧家居系统具有开启家里的电器、启动安保设施等功能。另外，智慧家庭包含智能医疗功能，可以通过服务平台将个人的健康指标传输到社区的医疗单位，医护人员确诊后会将诊断结果反馈到居民手里；还可以通过信息平台自助缴纳保险，查看物业公司发布的各种通知和公告，并可通过网上支付等电子应用系统实现多种缴费功能。

除了智慧家庭，日新街道还准备加强智慧社区建设，实现养老助残、智慧医疗、便民服务、电子政务和物业管理五项突破。日新街道正通过种种智能化手段，帮助辖区的每一个家庭打造智慧生活。

乐在其中的文化梦

近几年来，街道充分挖掘居民文化骨干并发挥他们的特长，相继成立了书画、舞蹈、音乐、摄影、集邮、戏曲、诵读等 81 支由 1500 余名文化骨干组成的特色文化团体和队伍，他们常年活跃在社区楼院中。街道为他们提供活动场所、活动经费和奖励经费，为他们购置所需的乐器和服装。为更好地发挥他们的作用，日新街道还在腰鼓队等团体和队伍中成立了功能性党组织。在街道的指导和帮助下，各种文化团体逐步发展壮大。而辖区 131 个和谐楼院成为社区文化发展和传播的平台，在一个个小小的楼院里，演绎着发展社区文化的大文章。辖区单位也积极参与到社区文化建设中，圣鑫建设集团把企业文化活动室向辖区居民长年开放，民生银行开展红色影片进社区活动，在 40 个楼院中巡回放映影片。

悠然惬意的楼院梦

楼院是社区居民生活的基本单元，楼院环境的好坏直接影响到居民的幸福指数。

从 2006 年起，日新街道党工委便组织和带领辖区居民百姓，自主设计，全员施工，依靠着勤劳的双手一步步朝着他们的“楼院梦”推进。街道党工委把整治楼院环境、改善居住条件作为切入点，清除楼道乱堆乱放物品，清理楼院卫生死角，粉刷楼道墙体门面，从楼道到楼院卫生都得到很大改观。日新街道还统一购买了紫薇、桃红、龙爪槐等树木，月季、百合等花卉，进行楼院美化绿化。在楼体外墙，那些具有美术特长的居民们绘制的成语典故、美德故事、名言警句等内容，形成具有传统文化特色的“中华美德墙”；在楼道内壁，街道统一挂起党员服务承诺板、生活服务指南，还有表现各种教育内容的书画作品，打造具有西岗特色的“楼道文化风景线”。改造期间，辖区人大代表、政协委员、民主党派人士、共建部队官兵纷纷与楼院居民结对共建，在环境改造、美化绿化、娱乐设施等方面给予许多帮助。

雪中送暖的帮扶梦

日新街道党工委、办事处始终将辖区弱势群体作为街道民生工作的重点，不断加大扶贫帮困力度，创新帮扶形式和内容。机关干部与社会各界与 260 个困难家庭结成长期帮扶对子，及时了解困难居民的生活需求，每逢过节都前去看望，送去慰问品或慰问金。目前，日新街道已经形成了以“扶贫帮困基金、慈善基金、红十字会基金、助学基金、党内

□ 日新街道"六六"帮扶机制

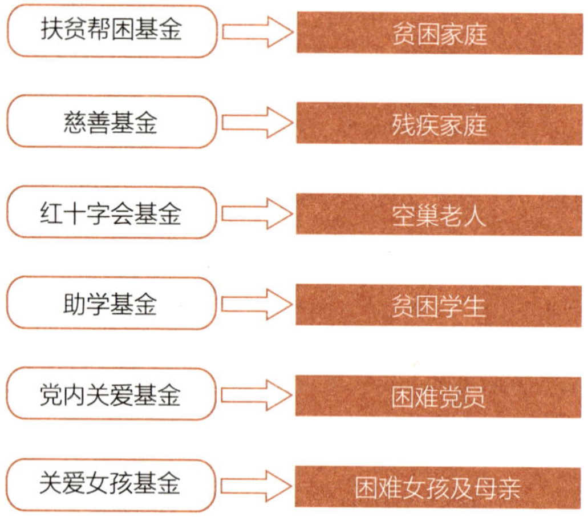

关爱基金、关爱女孩基金"6个基金帮扶"贫困家庭、残疾家庭、空巢老人、贫困学生、困难党员、困难女孩及母亲"6个方面的帮扶对象为主要内容的"六六"帮扶机制。这一机制的形成使整个街道扶贫帮困工作实现了帮扶资金专项化，帮扶群体明确化，帮扶活动长效化。

仅2012年，街道就筹集各种捐款60余万元，为85个空巢老人、180个重点贫困户、120个困难党员、31个残疾人家庭、42个贫困家庭的学生、18个贫困家庭女孩、12个重大病居民实施了临时救助，帮助他们解决了生活中的各种困难。

创新模式的养老梦

面对辖区8927名60岁以上老年居民愈加丰富的精神生活，日新街道在重新考量着政府定位：创新养老服务模式，健全多种文体活动，在保障老有所养的基础上实现老有所乐。日新街道分类整理了辖区居民的多种需求，以“乐”作为切入点先后投入40余万元用于养老事业的发展，在机构式养老、居家式养老、医疗康复养老、社区关怀养老的基础上，创新推出了日托式养老服务模式。

依托红岩老年服务中心，2010年街道争取投资30万元建成了300平方米的日托式养老中心，辖区老人白天可以到活动室一起娱乐交流，中午就在中心提供的床铺休息，玩到晚上才自行回家。这样的举措既达到了老有所养与老有所乐的目的，又实现了老人与家人每日团聚共享天伦的现实要求。除此以外，街道46支老年志愿者队伍常年为老年人提供援助服务，为他们提供生活关怀和精神慰藉；惠老服务中心则与辖区23家企业单位签订服务协议，让持证老年能够享受到惠老优惠政策。

北京朝阳奥运村街道：党政群共商共建居民议事厅

近年来，北京市朝阳区结合区位特征和区情特点，发挥党的统筹引领作用，带动社会各界共同参与社会建设。2013年全区正式推出“党政群共商共建工程”，旨在发挥基层党组织的统筹引领作用，整合政府各部门和社会各界的有利资源，调动广大干部群众的积极性和参与热情，形成党政群共同协商、共同参与、共同治理的工作模式，逐步实现由“政府单向决策、居民被动接受”转变为“政府和居民双向互动、共同决策”，从而推动基层民主政治建设。北京市朝阳区奥运村街道的党政群共商共建居民议事厅是其中具有典型代表的实践探索。

做到三个到位，形成组织保障

朝阳区奥运村街道通过开展基层共商共治的实践活动，做到了“三个到位”。

一是组织到位。为响应社会服务管理模式思路，积极推进党政群共同协商、共同参与、共同治理的工作路线，朝阳区奥运村街道成立党政群共商共治工程领导小组。奥运村街道工委书记、街道办事处主任担任组长；奥运村街道工委副书记、街道工委委员、纪工委书记、街道工委委员、武装部长、街道办事处副主任等人任副组长；街道各科室负责人及各社区书记、主任为成员；奥运村街道“1+3”党务居务助理进社区工程社会顾问及研究院助理担任顾问。领导小组下设办公室，办公室成员由党政办、组织人事科、宣传科、纪检监察科、社区办，奥运村街道“1+3”党务居务助理进社区工程机关助理及社区助理组成。各部门通过规范程序，组织落实此项工作，不断总结经验，建立了常态化工作机制。

二是人员到位。整个工程设立了8个项目组，每个项目组配有专门的工作联系人和档案信息报送员，明确责任分工，确保工作件件有落实、事事有回音。负责调度和运用街道现有制度、资源，并创新工作方法和工作渠道，广泛收集和获取民需建议案、发动群众积极参与、问政信息及时公开与公示新闻发布等工作。

三是保障到位。区社会工委、区社会办根据项目完成情况，从社会建设专项资金中进行资金核拨，街道也通过多渠道、多途径筹措项目资金，将为民解忧工作逐步纳入财政预算，实现其长效发展。

保证三个公开，做到公信公示

做到“三个公开”。需求的征集过程做到公开，项目确定的过程做到公开，项目实施的过程做到公开，主动邀请居民群众、社会单位和新闻媒体参与监督。将公开的过程变成居民群众对政府、社区工作从初步了解到深入认识，再到逐步认同的过程，变成提高基层政府公信力的过程。过程中要做好各个阶段材料的收集整理和归档，一件实事一个编号，单独成册，做到有据可查。

做好三个整合，加强社区自治

朝阳区奥运村街道结合自身特点，经过逐步探索，已进入治理型政府阶段，政府、企业、社会共同参与社会治理。朝阳区奥运村街道以“关注民生、为老服务”为重点，推进和深化社区自治，由此开展的党政群共商共治居民议事厅活动，让老百姓自己的事情自己管、自己的事情自己议，是有序的社区公共事务管理的一个产品，是社区自治工作的一个最好的实践。在党的领导下进行组织体系的顶层设计，扎实进行基层基础工作，充分发挥枢纽型社会组织作用，积极培育社会组织，扩大社会组织的覆盖面。做好“三个整合”。一是整合街道各职能科室的力量，充分利用政策、争取资源，集中资金和力量为民解忧；二是整合社会资源，加强联系和沟通，争取社会单位、社会组织等社会力量的支持为民解忧；三是整合民间力量，充分发挥居民自治、协商治理等自治组织的力量为民解忧。

完善三个机制，确保工作质量

一是立项分解机制。各项目组组长要切实指导、协调、监督各为民办实事项目的实施，通过转变工作理念，规范“知忧、议忧、解忧”工作流程，将立项的为民办实事项目进行分解，责任到人，落实到位。

二是定期会商机制。建立“问政、问需、问计于民”的常态化议事平台，激发社会治理创新的活力，增强家园意识，维护地区和谐稳定，不断提升人民群众的幸福感和满意度。每月利用召开班子会的契机，定期对工作中遇到的问题进行会商。养老问题是民生问题中的核心，也是社会建设中的重中之重。奥运村街道老年人比例约占总人口比例的19%，因此，将“社区养老”作为居民议事会日程的主题，是对公共管理模式的一个有益探索和重要成果。目前，奥运村街道已签约20家居家养老服务商，在辖区全部12个社区开办社区日间托老所，开设本市首个“幸福养老大课堂”，并开展了机关干部帮扶社区老人等活动。近年来，奥运村街道大力推动辖区老年人的居家养老服务的发展，初步形成了辖区老年人居家养老服务体系全覆盖。其中最有代表性的就是奥运村街道举行的党政群共商共治工程“居民议事厅”之第二届“1+3”党务居务助理进社区工程社区辩论会。作为奥运村街道“党政群共商共治”的探索和实践，议事厅活动将成为畅通社情民意、解决居民困难的平台。社区建设管理以及社区居民普遍关心的问题，都可通过居民议事厅来决策，以此来保障居民群众关注的问题能够落到实处。接下来，议事厅还将组织专人征集议题、商定议题，并邀请有关部门和有关专家、学者参加，以实现决策的民主化、科学化。

三是完善督导考核反馈机制。纪检监察项目组要对党政群共商共治工程各阶段的工作进行督导考核，并将督导考核的机制反馈给各项目组。

达到三个满意，忠心服务社会

在多年来不断探索实践的基础上，奥运村街道认真梳理总结党政群共商共建模式，在全区范围内推行这种社会服务管理思路，并在推进社会治理过程中立足为民，形成制度，因地制宜；在党政群共商共治工作中，始终坚持党的领导，以为民办实事为出发点，充分考虑参与群众的代表性，按事务的不同选择不同代表参与，形成党政群共商共建为民办实事的闭环，达到“三个满意”。一是要让广大居民群众满意，切实将每项实事办好、好事办实，解除忧愁，方便生活，使他们的幸福感真正得到提升；二是要让组织满意，要将每项为民解忧工程办成精品工程，树立街道良好形象，建设服务型政府，让组织放心；三是要让干部自身满意，使每项为民解忧工程的落实过程，成为干部实现自我价值、提升自我能力的过程，收获成长。

实现三个提高，提升社管能力

一是提高居民的参与率，广泛发动和动员，将为民解忧的过程，变成居民参与社会建设、实现自我管理的过程，带动社区建设水平的提升。

二是提高服务水平，科学组织和实施，将为民解忧的过程，变成转变执政理念、服务于民的过程，带动执政能力和水平的提升。

三是提高政府的公信力，要以人为本和注重实效，将为民解忧的过程，变成居民群众参与政府工作、了解认识政府工作的过程，带动和激发辖区居民和社会单位参与地区建设的热情和责任感。

上海普陀长寿路街道：打造民间组织管理服务新模式

近年来，随着经济社会的快速发展，上海市普陀区长寿路街道的民间组织不断涌现，群众团队层出不穷，志愿服务活动也呈现空前高涨的态势。为满足社区民众的不同需要，提高自身管理水平，2002 年 8 月，上海市普陀区长寿路街道办事处在上海乃至全国创建了第一家社区民间组织服务中心，积极探索民间组织自我管理、自我服务、自我教育的新途径，努力打造民间组织管理服务的创新模式。经过主导、倡导到推动发展三个阶段，长寿路街道逐步形成了“街道推动，‘中心’运作，各方参与，百姓受益”的善治新格局，建立了“社工引领义工，义工服务群众，群众参加义工”的“两工”联动机制，打造了“社区为平台，社团为载体，社工为发展”的“三社”互动模式。长寿路街道以民间组织服务中心为平台，推动社区民间组织管理体制改革创新的探索与实践，被人们称为“长寿模式”。

服务渗透管理，将管理寓于服务中

长寿路民间组织服务中心是上海市第一家社区民间组织服务中心，创建于 2002 年。街道通过中心对社区内的民间组织实施枢纽式管理，积极引导民间组织参与社区建设和管理。在中心与街道之间建立起了一种合作伙伴关系。民间组织服务中心是一家民办非企业单位，具有服务民间组织、党的建设、人力资源管理、监督预警、承担政府委托或转移职能、服务社区居民六大功能。街道在人员、经费、设施方面对其予以保障，并主要通过政府购买的方式向民间组织转移部分公共服务职能，为社区居民开展各类服务工作。民间组织服务中心有效改善了政府部门行政服务人员在进行社会治理时人手少、事务多、任务重、疲于奔命却收效甚微的局面。

转变政府职能与培育民间组织相辅相成

长寿改革实现了政府与民间社会的合作治理，降低了政府社会治理成本，提高了政府公共服务的效率。过去政府大多利用体制内公共力量进行社会治理，管理成本高，却收效甚微。长寿街道通过向“民间组织服务中心”和各类公益性民间组织购买服务的方式，将大量原来由政府承担的公共服务职能转移给民间组织，既弥补了政府在公共服务方面的不足，又扶持了民间组织的发展。

培育民间组织与社区建设、服务社区居民相联系

街道是最基层的政府，街道所承担的大量政府职能具有贴近和直接服务于百姓的特点。长寿街道通过民间组织服务中心引导、扶持和培育民间组织也紧紧围绕满足社区居民需要，服务社区居民，并促进社区自我管理和自我服务的建设过程。在长寿街道，民间组织的发展和管理与社区建设逐步形成良性互动格局，社区民间组织在服务社区居民、参与社区建设过程中得到发展壮大，街道政府在二者之间起到了桥梁纽带作用。例如，民间组织服务中心培育、管理的长寿社区慈善超市对社区弱势群体积极开展助困、助学、助医等慈善救助，以慈

善超市为平台所完成的救助远远超出政府传统社会救助模式的效果，既整合了社会资源、培育了社会互助精神，又帮助政府树立了重视民生、改善民生的良好形象。

党的建设与民间组织管理相联系

人员流动性大、生存的不稳定性以及条块管理关系和多头管理等都给民间组织党建带来极大困难。民间组织中的党员无法管理，无法发挥党员作用，是民间组织党建存在的一个大问题。长寿街道通过民间组织服务中心党总支这样一个政府管理部门和民间组织之间的有效载体，探索“枢纽式管理”方式，实现民间组织党建全覆盖，同时发挥民间组织党支部及信息员的作用，把监督预警工作融于党建之中，确保党对民间组织的有效领导。

上海市普陀区长寿路街道办事处通过成立民间组织服务中心，推动了社区内民间组织的有序运行和作用发挥，为促进地区的和谐稳定发挥了重要作用。一是通过民间组织服务中心将“服务、协调、管理、预警”功能融为一体，积极为民间组织提供各种服务，及时掌握民间组织动态。二是通过在民间组织服务中心设立群众团队服务部，对辖区内所有不具备社团注册登记条件的群众团队进行备登记案，建立了一套现代化的“群众活动团队信息管理系统”，并与市社团管理局联网，解决了社区内大量群众团队备案登记的问题。三是民间组织服务中心通过开展“社团进社区”等主题活动，加强了民间组织与社区居民的联系，促进了社团与社区的双向服务、良性互动，形成了社团和社区资源共享、优势互补、相互促进的良好局面，不仅使居民从民间组织的多元化服务中得益，也有利于调动社会各方的积极性参与社区建设。四是民间组织服务中心通过推行窗口式接待、菜单式服务，为社区单位和居民提供咨询评价、家庭收养、义工管理、慈善捐助、代理服务等方面的服务，承担了大量原来由政府承担的公共服务职能，降低了社区管理成本，提高了公共服务的效率和效果。五是街道通过民间组织服务中心，培育扶持贴近群众、形式多样、各具特色的社区公益性民间组织，积极推进民间组织承接政府转移职能，参与社区建设和管理，开展各类为民服务活动，这弥补了政府在公共服务方面的不足，满足了社区居民多样化、个性化和多层次的需求。

天津河西友谊路街道：创新“1+1+1”志愿助老模式

随着中国老龄化速度的加快，与老年人生活相关的话题越来越成为社会关注的热点。如何让老年人幸福快乐地生活，成为党和政府以及社会各方努力的目标。老龄化社会的今天，社区已经成为老年人的主要生活区域。天津市河西区友谊路街道坚持以人为本，认真贯彻落实中央文明委《关于深入开展志愿服务活动的意见》，以社区为依托，组织志愿者通过开展“1+1+1”志愿服务活动，即“1个好邻居+1个社区志愿者+1个帮扶对象”的模式，为社区独居老人、空巢老人、生活困难老人提供生活照料、应急救助等服务，积极为他们排忧解难，扎实推进社区志愿服务活动的开展，关注老年人生活需要，关注老年人心理需求，提升了社区老年人生活质量和幸福指数，有效助推和谐社区建设。

深入调研，摸清底数，为创新志愿养老模式奠定基础

中国目前已经进入老龄化社会，天津早已于2002年进入人口老龄化社会。随着中国经济的发展和人民生活水平的提高，老年人的精神需求也越来越凸显，老年人心理需求能否满足，不仅与老年人的心理健康状况有着紧密的联系，而且直接影响着家庭和睦、社会和谐。

河西区现有户籍人口中60岁以上的老年人有19.2万人，占全区总人口的23%，其中50%是空巢老人和生活困难的老人。这几个比例不仅高于全国平均水平，也高于天津市平均水平。在老龄化加速的情况下，地区人口整体呈现“两高两多”的特点，即老龄化程度高、高龄老人比例高、空巢老人多、失能和半失能老人多。

从调查摸底情况看，老年人服务需求呈现多样化趋势。针对各个类型的服务短缺及强烈的社会需求，天津市政府积极开展“志愿助老服务”，重视创新和策划服务体制，关注服务对象，高举旗号扩大志愿助老服务队伍，为天津市提升老年人晚年幸福指数做着巨大的努力。

结合区情、创新政策，构建“1+1+1”志愿养老模式

2007年，在一次全面调研走访的基础上，河西区友谊路街谊景村社区党委为每位社区老人建立了家庭档案，将他们的家庭组成、居住条件、健康状况、经济情况以及在生活和精神文化上的各种需求全部详细登记。深入分析调研情况后，社区党委反复论证形成共识，照顾好老年人，事关每个家庭的幸福和谐，事关整个社区的稳定有序，必须充分调动各种社区资源，做好助老服务，让老年人衣食无忧，让老年人精神愉悦，让

老年人的生活充满关爱，“1+1+1”社区志愿者助老服务模式应时而生。同时，街道建立了以志愿服务分会、老年人协会、慈善分会为主，街有关部门参加的助老服务工作机构，各社区也相继建立了组织，形成了全街上下齐参与的工作格局。所谓“1+1+1”志愿助老服务，就是“1名困难老人+1名志愿者+1名好邻居”的模式，具体操作办法是以社区党委为主导，发挥社区老年人协会和志愿者队伍的优势和作用，组建“1个好邻居、1个社区志愿者和1个帮扶对象”的助老帮扶对子，帮生活有困难的老人解决生活中遇到的难事和烦事，切实改善老年人的生活质量。

制定措施，完善体系，保障志愿养老模式扎实有效推进

为推动社区关爱“空巢老人”志愿服务活动扎实有效开展，该街区在“1+1+1”的机制上明确出5项具体帮扶措施：

一是左邻右舍的好邻居坚持每天问候一次老人或同老人见一次面，了解其生活情况，遇事及时妥善处理；二是当老人身体不适需要照顾时，志愿者及时通知其子女及居委会，遇到紧急情况时及时送往医院；三是当老人生活发生困难时，志愿者及时和居委会取得联系并给予救助，特殊情况时向街慈善协会申请救助；四是每逢年节假日，好邻居和志愿者一同到被帮扶的老人家中，帮助打扫卫生，与孤寡独居老人聊天，带他们出去散步，介绍社区发展变化情况，充实他们的精神文化生活，排解他们的孤独感；五是对行动不便和高龄老人负责粮油、蔬菜及日常生活用品的购买。

深刻思考，贴近需求，推动志愿助老服务全面升华

截至2010年6月，街道参与助老服务的志愿者已有1500余人，与527名困难老人签订了“1+1+1助老协议”，有困难的老人在家中就能得到“多助一”的服务。“1+1+1”助老志愿服务活动在友谊路街各社区蓬勃开展，数以千计的好邻居、志愿者把为老人服务当作义不容辞的责任，他们为孤寡、独居、空巢老人送去关爱和温暖，使社区老人的日子过得更加滋润。在志愿助老事业长足发展的同时，各社区也在规划着如何让志愿助老服务更贴近老年人需求，如何能更大程度上提升老年人的幸福感，如何将志愿助老升华到更高层次。为此区政府及各街道社区一起出谋划策为志愿助老服务规划了四条方针路线。

一是开展宣传教育活动。在开展“1+1+1”志愿者助老服务中，注重让老年人接受新的思想，消除因社会快速发展以及各种新生事物带来的“隔阂”；利用党员学习的机会，播放学习光盘，使老年朋友思想常新、活力常在；组织电脑班、读书班等，让老年人了解和畅谈国际、国内形势。在社区设立了14块宣传展牌，对新形势下的新思想、新事物、新政策进行宣传展示，逐步引导群众认识到，家家有老人，人人都会老；关爱现在的老人，就是关爱明天的自己，让关爱老年人的理念深入人心，营造“尊老、敬老、爱老、助老”的良好氛围，让更多的志愿者加入到助老服务中。

二是重视精神抚慰。由于子女长期不在身边，很多老年人非常孤单、寂寞，思想上空虚，容易产生失落情绪，老年人的心理疏导成为重中之重。实践中，社区党委把为老年人赶走寂寞、送去欢乐作为助老服务的出发点和落脚点。

三是丰富文化活动。谊景村社区坚持10多年组织春节大团拜活动，

开展“关爱残疾人，关注老年人健康咨询”、庆“七一”《观津城美景，话天津发展》天津滨海新区一日游等活动，先后成立“关爱协会”“志愿者协会”，开展“我为社区做贡献”义务劳动，吸引老年人参与社区建设和管理，用双手美化社区，在奉献中提升境界。

四是维护老年人权益。为改善老年人活动场地，河西区政府、友谊路街道办事处先后对社区综合活动用房进行提升改造，建成了近1000平方米的“居民之家”，设有综合活动室、书法室、电脑室、图书室、日间照料室及卫生服务站，配备投影机、电脑、电子显示屏等设施，开辟了5处健身场地，确保老年人有地方参加活动。

河西志愿助老服务有力地推进了和谐社区的建设。一是老年人的幸福感明显增强。在开展“1+1+1”志愿者助老服务活动中，社区党委为60岁以上的老年朋友建立一份健康档案，组织医务人员志愿者定期为重病老人上门服务，为有需求老年人提供家政、上门理发、日间照料等服务，让老人感受家庭般的温暖。老年朋友在倍加呵护、倍加关怀的环境中生活，性格更加开朗、身心更加健康。社区的老年朋友纷纷感慨地说，“1+1+1”志愿者助老服务活动为他们带来了实惠。二是党委的凝聚力显著提高。在“1+1+1”志愿者的带动下，在社区诸多活动的吸引下，老年人、老干部们参与社区建设的积极性明显增强。每逢重阳节、春节等重要节日，老年人都提前到社区询问活动时间。有的老年人腿脚不便，还特意让子女请假，推着自己来参加社区活动。通过开展形式多样、内容丰富的学习教育活动，广大老年人紧跟形势，精神面貌健康向上，积极在两个文明建设中发挥余热。“1+1+1 ”助老服务活动，用微笑融化了许多陌生，用行动换来了切切真情，用服务赢得了赞扬与信任，用爱心和真诚焕发了老年朋友火热的激情，在社区营造了互帮互助、邻里友爱、尊老助老的和谐氛围。

从基层案例看当前中国社会治理创新重点

社会治理不仅需要顶层设计，更需要基层的探索创新。可以说，基层既是社会治理创新的主要着力点，又是社会治理创新的关键突破口。当前，随着中国进入经济社会转型的关键时期和社会矛盾凸显期，经济体制变革、利益格局调整、社会结构变动、思想观念变化等一系列重大因素交织交融，给基层社会治理带来许多新问题、新挑战。透过基层地区探索实践的案例可以看出，面对当前社会治理领域存在的一些重点难点问题，基层地区并没有陷入“等靠要”的恶性循环怪圈，而是结合地区的实际情况，以积极的态度、开放的思维、不懈的努力，围绕社会治理进行大胆的探索与创新，既在一些“老大难”的领域取得重点突破，又切实解决了实际问题。从当前我们整个国家面临的形势来看，社会治理创新已势在必行，我们应当以创新的思维、创新的手段、创新的体制机制，积极推动整个社会治理领域的创新，切实加强社会建设，推动经济社会的协调可持续发展。

当前中国社会治理创新应当关注的四个着力点

社会治理创新的重点在于基层

基层是筑牢社会和谐稳定的基石，也是助推社会快速发展的重要动力。只有基层保持稳定，整个国家才能保持稳定；只有基层实现了发展，整个国家才能实现快速发展。所以说，做好基层社会治理创新工作意义重大，既关系着整个社会治理工作的开展，也关系着整个国家的全面发展。当前，中国大量社会需求来源于基层，大量社会问题产生在基层，大量社会矛盾根源在基层，这对基层社会治理工作提出了更高要求。一方面，我们要将工作重心下沉到基层，将更多的人力、物力、财力投入到基层；另一方面，基层地区也要主动思考、主动探索，发挥自身的主观能动性，努力做好基层社会治理的创新工作，力争从源头上化解各种矛盾。

社会治理创新的核心在于服务

说到底，社会治理就是对人的管理和服务。它关系到人民群众的切身利益，必须始终坚持以人为本、执政为民的理念，着力实现好、维护好、发展好最广大人民群众的根本利益。在推动社会治理创新的过程中，只有始终坚持“以人为本、服务优先”的管理理念，努力为人民群众提供全面的、多元的、优质的公共服务，把服务放在首位，寓管理于服务之中，通过服务体现管理，才能真正获得人民群众的认可和满意。

社会治理创新的关键在于制度

社会治理是一项事关长远的基础工程，只有注重从制度层面上加强谋划和建设，才能保证这项基础工程能够持续、稳定地推进下去。因此，在推进社会治理创新的过程中，我们要以体制机制创新为保障，努力推动社会治理和服务实现常态化、系统化和机制化，并且要注重相关制度的建立健全，特别是要不断创新政绩考核机制、财税分享机制等，只有这样，才能有效推动和保障社会治理和服务的实现，才能不断提高社会治理科学化水平。

社会治理创新的基础在于群众

人民群众是社会治理的主体和对象。推进社会治理创新，必须尊重人民主体地位，发挥人民首创精神，努力提高人民群众自我管理、自我服务、自我教育、自我监督以及自我参与的意识和能力。只有充分尊重人民主体地位，切实发挥人民的首创精神，积极引导人民群众有序参与、充分参与、高效参与，以决策共谋集中民智、以发展共建凝聚民力、以合作共管汇集民意、以成果共享顺应民心，才能形成政府和群众之间的良性互动，不断提升社会治理和服务水平，不断推动社会治理创新进步。

当前中国社会治理创新应当关注的四个重点方向

注重信息技术的运用与创新

（1）以信息化提升社区服务水平

社区信息化建设是一项持续、复杂的系统工程。一般来说，信息化的成功更大程度上不是取决于技术，而是取决于有效组织和管理，尤其是有效地协调不同层次、方方面面的利益关系和权力分配，特别是需要地方政府的高度重视。当前随着社区信息化建设正在从条块结合、各自为政的发展阶段，向全面有效整合资源，逐步建立全面覆盖、动态跟踪、集约共享、功能齐全的社会治理服务综合信息系统的重要阶段转变，我们还需要重点抓好以下三方面工作。

一是加强顶层设计，建立全面有效的信息共享机制。一方面，社会治理信息化平台建设，需要站在地区战略发展的高度进行顶层设计。要按照“统一平台、资源整合、集约共享、安全便利”的原则，加快城市社区信息化规划、建设、管理的行政法规和信息标准制定工作，加大在全市层面的协调管理力度，重点监督相关政策、法规、标准的执行，增强信息化持续发展的能力。另一方面，要以顶层设计为指导，建立全面有效的信息共享协调机制。为实行社区信息化建设的可持续发展，必须尽快解决信息隔离的问题，要把社区信息化放在实施城市信息一体化战略的层面规划发展，正确处理加快发展与保障安全、公开信息与保守秘密、开发利用与规范管理、重点突破与全面推进的关系，着重在组织管理、法规政策、技术保障、经济运营四个方面建立和完善信息集约共享的协调管理机制。

二是加大信息化服务的推广宣传力度，化解居民顾虑。紧紧围绕便民性、互动性、亲民性，在努力打造群众满意度高的社区门户网站的同时，充分利用居民会议、社区活动、社区宣传等载体，及时、准确、全面地做好社区信息宣传工作。在居民参与社区重要决策、重大活动、民生热点等问题的同时，提高居民群众对社区门户网站的认知度和上网用网率，使他们真正成为社区信息化建设的受益者、参与者和积极推动者。无锡市太湖花园第二社区在采集居民信息时，社区工作人员按照以房管人的原则，一家一户登记人口信息。有些居民一开始不理解，怕个人信息泄露，工作人员就反复讲解三维 GIS 应用平台的原理及保密措施，使居民明白应用平台是一个政务管理信息内网，不连接互联网，并且实行密码设置，分层分级、按岗按人设置登录及管理权限等，最后终于消除了大家的顾虑。

三是推动社区服务区域、服务内容、服务对象的全覆盖。加大社区信息化推广，保证社区信息化建设可持续，最根本的是落实社区事务，即社区服务区域、服务内容、服务对象全覆盖，让社区居民感受到实实在在的变化和成效。第一，服务区域全覆盖。各地社区综合信息服务平台一般包括区、街镇、社区三级网络，在区域空间上实现信息化服务与管理全覆盖。通过综合各个区域的服务和管理内容，以一个平台、一个窗口面对企业和社会，通过信息平台实现各管理和服务部门、各应用系统之间的数据整合和交换，在保证专有信息完整和安全的同时进行最大限度的整合。第二，服务内容全覆盖。社区综合信息服务平台要突出管理和服务创新，根据不同社区之间和不同工作之间的个性特点，灵活定制、开发各类管理系统，实现服务项目的申请、受理、办理、回复一个平台处理，形成高效数据库，自动、安全、高效的数据加载、日常业务报表统计分析等管理功能，并通过这些功能满足用户对系统日常使用的需求，形成统一、规范、配套的社区综合信息管理体系。第三，服务对象全覆盖。社区综合信息服务平台要突出关注民生、关注社区成员个性服务，兼顾不同年龄、不同职业、不同群体，特别是关注和满足社会特困群体需求，满足社会各个层次的服务需要，使社区居民通过平台便可以了解和办理日常多方面的需求和服务，满足群众生产生活等各方面需要。如无锡市太湖花园第二社区按照对等方式整合公共服务资源，实现了对社区居民进行多元化、精细化、个性化服务。

（2）以信息化助力平安建设

当前，信息化在加强平安建设中发挥的作用还不够明显，接下来，面对新形势新任务，亟须将信息化转化为发展平安中国的新动力。具体来说，在信息化的过程中还需要解决以下几个问题。

一是进一步完善管理体制机制。信息化与各级政府部门的支持和管理密不可分，各级政府高度重视、统一规划与有效管理是信息化顺利开展的关键因素。要充分借鉴当前优秀的建设模式，进行体制机制创新与转型，探索与社会经济一体化发展相适应的信息化管理体制机制，推动信息化助力平安建设进程。尤其要充分调动地方各级政府的积极性，发挥各级行政主管部门的作用，理清思路，明确任务，大力开展面向基层群众的信息服务，促进信息技术在平安中国建设中的广泛应用，提高信息化水平。

二是进一步加大政府扶持力度。第一，要进一步完善以政府投入为引导、社会投入为主题的多元化融资体制。各级政府应不断加大信息技术研究、基础设施建设、信息化平台项目和人员培训等投入，全面推动信息化助力平安建设进程。第二，对参与信息化助力平安建设的企业及个人提供多方面的政策优惠，充分调动参与企业和个人的积极性。加大对经济欠发达地区、老少边穷地区的财政转移支付力度，明确偏远地区的信息化投入。通过政策扶持和财税优惠，进一步发挥电信运营商承担普遍服务的主题作用以及涉及信息服务的骨干带头作用，夯实信息化基础设施建设。同时，将信息化通盘考虑，通过公关财政补贴，鼓励基层群众和各级信息服务站充分使用现代信息通信技术为生产、生活服务。

三是加强对基层群众的信息使用技术培训。大力开展信息化技术培训，提高基层群众信息技术使用技能。加强基层信息服务人员队伍建设，使之不仅成为信息的使用者、受益者，也成为信息服务的提供者、传播者。同时，有规划、有步骤、分阶段地加大信息化人才的培养，使这支队伍成为既掌握信息通信技术，又掌握信息技术手段的复合型专家。

四是开发推广信息化助力平安建设典型应用。鼓励开发和推广更多的信息化在平安中国建设的应用，切实为广大人民群众造福。鼓励支持科研机构、运营商、信息服务提供商等单位和组织研究开发适合平安建设特点、质优价廉、运维简便的信息化产品，积极开拓各级市场。鼓励开展信息化助力平安建设应用的先进典型评选，推动信息技术应用成果转化，通过试点示范、典型引路、分类指导，推广好的做法和经验。

注重社会组织的培育和管理

社会组织是弥补政府服务不足的重要保障，也是连接政府与民众沟通交流的重要桥梁，还是化解社会矛盾、维护社会和谐稳定的重要力量。

专栏

从社会管理到社会治理，一字之差撬动内涵之变

从社会管理到社会治理，一字之差，折射内涵之变，体现的是系统治理、依法治理、源头治理、综合施策。问题倒逼改革。因时而变、随事而制，跨越“一字之差”的上海探索，在街巷楼宇悄然展开。

社会治理，关键在体制创新，打破条块分割，从善政迈向善治。上海肿瘤医院每个工作日都有八九名枫林街道组织的社区志愿者，“把医生来不及说的话告诉患者，从病人视角向医院反映问题”，架起医患间的沟通桥。打破单位围墙，让小街道与大单位形同一家，区域共治的结果是共赢。

社会治理，重心在城乡社区，核心是人与人和谐相处。嘉定区江桥镇太平村，本地和外来人口 1 ∶ 3 倒挂，太平村在一声“新村民”的称呼中，率先成立了上海首个新村民党支部和新村民委员会，“逆位”主动服务，柔性管理。家园自治 + 共治，多年无一起越级上访，无一起重大刑事案件。

社会治理，发挥好社会的自我调节作用，主体多元是必由之路。4 月 1 日起，上海行业协会、城乡社区服务类等 4 类社会组织开始实行直接登记，让更多的“草根”长成芳草地。

2014 年上海市委的一号调研课题“创新社会治理、加强基层建设”正在扎实展开，清晰明确的顶层设计正在制定之中。

资料来源：《人民日报》2014 年 3 月 21 日

因此，在推动社会治理创新的过程中，必须围绕社会组织的培育与发展，在体制机制、组织构建、人员配置、资金保障等方面进行积极的探索与实践。同时，在社会治理实践中，要充分发挥社团、行业组织和中介组织等社会组织提供服务、反映诉求、规范行为的作用。要通过积极培育

各类社会组织，加强和改进对各类社会组织的管理和监督，完善社会化服务网络，努力形成社会治理和社会服务的合力，不断满足人民群众日益增长的物质文化需求。当前和今后一个时期，要以社会组织服务经济社会发展为核心，以提高社会组织能力建设为重点，推进管理体制创新，建立法制健全、管理规范、分类管理、分级负责的社会组织管理体系。要适应发展社会主义市场经济和政府转变职能的需要，着力培育发展经济类、公益类社会组织以及农村专业经济协会和社区民间组织，支持和引导科、教、文、卫、体以及随着人民生活水平的提高逐渐涌现的新型社会组织。同时要加强对社会组织活动的依法监管，形成社会组织自我发展、自我管理、自我教育、自我约束的运行机制，加大对非法、违法、违纪社会组织的查处力度，打击邪教组织、黑社会、非法传销组织和社会敌对组织，保证社会组织的健康发展。

注重基本公共服务运行机制的建立和完善

从目前的实际情况来看，不管是城市地区还是农村地区，其基本公共服务的决策供给机制基本上都是“自上而下”型的，城乡居民大多是被动地接受政府提供的公共服务，而较少参与和评价公共服务供给的效率与质量。各项公共服务投入的规模、优先顺序也都是基于政府部门的考虑，而这非常容易出现服务供给与民众需求之间的脱节，既浪费了公共资源，也没有获得人民群众的认可。因此，在当前推进社会治理创新的过程中，需要总体考虑城乡基本公共服务运行机制的建立和完善。而为了进一步满足广大居民群众的服务需求，可借鉴一些地区的成熟经验，探索建立基本公共服务的社会化运行机制。一方面要积极探索将市场机制引入基本公共服务供给领域，即在保证政府承担供给责任的前提下，把市场竞争机制和企业管理方式引入基本公共服务供给中，将原由政府承担的部分公共服务职能交由市场主体行使，构建起政府与市场和社会相结合的社会化运行机制。另一方面，应当立足社区与村镇，根据城乡居民的公共服务需求增加相应的社会组织，完善公共服务购买政策，让各种社会组织扮演提供公共服务的主体角色，全面满足城乡居民不断增长的公共服务需求；同时，还应当有目的地扶持一部分在不同的公共服务领域发挥枢纽作用的有一定规模的社会组织，让其成为协助政府承担公共服务的合作伙伴，并开展行业自律，使各种提供公共服务的社会组织在规范的轨道上健康、有序发展。

注重城乡社区的建设和发展

在当前新的社会治理格局中，社区就好像是一个个的细胞，虽然微小，但却是最基础和最重要的。只有当这一个个的细胞健康的时候，由细胞组成的整体才会保持健康；而当这些细胞发生变异的时候，整体也会随之发生变异。所以说，社会治理创新必须特别注意发挥社区在基层社会治理中的作用。社区是居民自治组织，但同时也肩负着基层自我管理、自我服务的任务，很多“社区服务中心”肩负着几十种服务功能，包括税收、治安、就业、社会保障、社会福利、社会救助、卫生、防疫、精神文明建设，等等。社区在基层社会治理中的作用越来越重要，而随着市场经济的发展，人们维护自身权益的意识不断增强，这也会带来围绕权益保护而产生的一些权益纠纷，所以需要从社区开始，使社区工作逐步专门化和专业化，建立起“把问题解决在基层”的新机制。要妥善规范社区委员会、业主委员会和物业委员会之间的关系，形成中国基层基础建设的合力。